D1385892

LE CYCLE

DU MÊME AUTEUR

Aux Éditions du Jour

Une littérature en ébullition, 1968.

Chez d'autres éditeurs

Poèmes temporels, Monte-Carlo, Regain, 1954.
La Bagarre, roman, Montréal, Le Cercle du Livre de France, 1958.
Le Libraire, roman, Paris, René Julliard, et Montréal, Le Cercle du Livre de France, 1960.
    Traduction : *Not for Every Eye*
        (Traduit par Glen Shortliffe)
        Toronto, Macmillan, 1962.
Les Images en poésie canadienne-française, Montréal Beauchemin, 1960.
Les Pédagogues, roman, Montréal, Le Cercle du Livre de France, 1961.
L'incubation, roman, Montréal, Librairie Déom, 1965.
    Prix de la Province de Québec, 1965.
    Prix du Gouverneur général, 1966.
    Traduction : *Incubation*
        (Traduit, par Glen Shortliffe)
        Toronto, Macmillan, 1967.
Anthologie d'Albert Laberge, Montréal Le Cercle du Livre de France, 1962.
De Québec à Saint-Boniface : récits et nouvelles du Canada français, Toronto, Macmillan, 1968.
Histoire de la littérature canadienne-française (en collaboration avec Lucien Geslin et Charles Parent), Centre Educatif et Culturel, 1968.

Les Anthropoïdes, roman, Montréal, Editions La Presse, 1977.

Gérard Bessette
LE CYCLE

Quinze

Maquette de la couverture : Jacques Robert

LES EDITIONS QUINZE
3465, Côte-des-Neiges, suite 50, Montréal, Québec
H3H 1T7
Tél. : (514) 937-6311

Distributeur exclusif pour le Canada :
Les Nouvelles Messageries internationales du Livre Inc.
4435, boulevard des Grandes-Prairies
Saint-Léonard, Québec
H1R 3N4
Tél. : (514) 327-6900

I

JACOT

Grand-papa est là dans la grande boîte brune il ne
bouge plus   Maman a dit « Ton grand-père est mort »
elle avait les yeux rouges elle faisait une moue elle était
laide   Quand on est mort on ne bouge plus on reste
tout le temps dans une grande boîte tout seul   Les
morts on ne les voit plus on emporte la grande boîte
et on les voit plus   Mais il y a des gens qu'on ne
voit plus et qui ne sont pas morts   Papa n'est pas
mort et on ne le voit plus il est parti   Maman a dit
(elle serrait un mouchoir dans sa main) elle a dit « Il
faudra que le petit Jacques soit sage au Salon »   Ça
s'appelle un salon funéraire ce n'est pas comme un salon
ordinaire c'est plus grand et c'est ennuyant   Tout
autour les gens sont assis   il y en a que je connais il
y en a que je ne connais pas   ils causent à voix basse
ils ne sourient pas beaucoup   De temps en temps il y
en a qui sortent puis d'autres rentrent   En bas les
hommes vont fumer   Ça s'appelle un fumoir ça sent

7

le diable mais les hommes rient ils trouvent ça drôle moi je ne fume pas et je trouve que ça sent le diable

A côté ça sent bon ça s'appelle le salon des dames ça s'appelle aussi le boudoir   Il y a deux grands miroirs avec des petites ampoules tout autour   Les femmes font des grimaces devant ces miroirs ça s'appelle se maquiller   Ensuite elles parlent de leurs maladies elle ne rient pas beaucoup mais ça sent bon   Les femmes ne vont pas du côté des hommes les hommes ne vont pas du côté des femmes   C'est défendu   Maman a dit « C'est défendu ça ne se fait pas »   Moi je vais des deux côtés parce que je suis un prince un roi   Mais je suis petit mais un jour je serai grand je serai plus grand que tous les autres je fumerai beaucoup et je parlerai beaucoup de mes maladies   De temps en temps quelqu'un se lève et dit « Récitons un chapelet »   C'est la partie la plus ennuyante   Les conversations cessent les visages deviennent encore plus tristes les gens se mettent à genoux   il y en a qui ont de la misère ce sont des vieux ils font des grimaces je trouve ça drôle mais il faut pas le montrer   c'est défendu ça ne se fait pas

Quand on a envie de rire il faut sortir son mouchoir et faire comme quand on se mouche ou quand on s'essuie les yeux c'est maman qui l'a dit mais c'est pas facile

Quand ils ont commencé à dire le chapelet ce n'est plus drôle du tout on n'a plus envie de rire on remet son mouchoir dans sa poche et on s'ennuie à mort

« Récitons un chapelet pour le repos de l'âme du défunt » c'est comme ça que ça se dit   Un mort c'est aussi un défunt des fois mais c'est plus souvent un mort   C'est un défunt à l'église et au salon funéraire   Ici ça s'appelle un salon funéraire et c'est encore

8

plus ennuyant qu'à l'église   Il y a des cierges autour de grand-papa   Un deux trois quatre cinq six cierges Je sais compter jusqu'à six jusqu'à dix jusqu'à vingt « Maman autour du cercueil il y a six cierges qui brûlent »   « Oui mon chéri il y a six cierges qui brûlent mais quand maman est en train de causer avec quelqu'un il ne faut pas l'interrompre ce n'est pas poli »

Elle parle elle parle qu'elle parle je ne l'entends pas elle peut toujours parler je m'en fiche je la déteste elle n'existe pas je ne l'écoute pas   Je regarde une petite fille qui est assise à gauche du cercueil (je sais que c'est à gauche parce que c'est avec l'autre main que je lance la balle et que je tiens ma cuillère)   Elle est assise à côté d'une grosse femme elle a la bouche ouverte elle fait aller ses jambes elle regarde dans le vide elle doit s'ennuyer   Quand la grosse femme lui parle ses jambes s'arrêtent elle fait oui de la tête puis ses jambes recommencent à aller   Moi maman ne me parle pas elle parle avec Roberto   Roberto est laid il ressemble à un singe à un squelette je mets le singe le squelette dans la boîte je ferme la boîte on l'emporte on ne le voit plus Maman est excitée elle ne fait pas de grands gestes comme mon oncle Roch mais elle est excitée elle parle vite elle penche un peu la tête du côté de Roberto   Il a les cheveux en brosse de gros sourcils il parle drôlement c'est un sale étranger je voudrais qu'il soit défunt   S'il veut encore me mettre la main sur la tête je vais cracher sur lui   Ce n'est pas beau mais je m'en fiche je vais cracher sur lui   Je suis un dur Jacot est un petit dur   personne n'est aussi dur que lui il écoute son petit diable il n'écoute pas son petit ange   Sa mère a peur qu'il soit damné qu'il brûle dans les flammes éter-

nelles   (A genoux devant lui elle pleure elle gémit
elle se tord les bras elle lui promet de ne plus voir le
sale étranger   Jacot détourne la tête il ne l'écoute pas
il faut la punir comme il faut il faut la faire languir)   La
petite fille dit quelque chose à l'oreille de la grosse femme   La grosse femme est trop grosse mais c'est une
bonne mère   Elle écoute sa petite fille et elle lui répond calmement   La petite fille fait oui de la tête puis
elles se lèvent toutes les deux elles se dirigent vers la
porte la petite fille doit avoir envie elle a lèvres serrées
Elle a laissé son petit sac pendu au dossier de sa chaise
il est blanc   Le gros sac de la grosse femme est noir
mais il n'est pas sale   La grosse femme n'est pas une
sale mère c'est une mère propre une bonne mère   Elles
s'en vont au boudoir-salon-des-dames   Moi aussi je commence à avoir envie je vais ouvrir ma braguette et je
vais pisser sur le sale Roberto le sale étranger je vais
le noyer l'inonder (il se débat dans les flots il appelle
au secours avec son sale accent d'étranger personne ne
s'occupe de lui il cesse de crier on a la paix) mais cela
ne se fait pas on ne pisse pas sur les gens ce n'est pas
joli c'est défendu c'est même défendu de leur montrer
son zizi   Je vais demander à grand-maman de me
conduire au petit endroit   maman va avoir honte c'est
une mauvaise mère   Quand elle parle avec un sale type
et que je lui demande d'aller au petit endroit elle se
fâche   Je m'en contrefiche   Des fois je lui demande
de me mener aux cabinets même quand je n'ai pas
envie   « Vite ça presse »   Elle n'est pas plus fâchée
que quand j'ai envie pour de vrai   Elle ne connaît pas
la différence elle est stupide je la déteste   Elle voudrait
que je n'aie pas de zizi mais j'en ai un il est à moi je

10

le garde   J'y touche même des fois même si cela est défendu même si cela ne se fait pas

L'abbé Latour s'approche de maman il n'est pas en soutane il est en pantalon mais ce n'est pas un homme comme les autres c'est un homme de Dieu il est indélébile   Maman se lève elle prend un air grave un air triste le vicaire lui serre la main il dit « Bon courage chère madame il faut se soumettre à la volonté de Dieu »   Maman dit « Merci monsieur le vicaire » Le sale type s'est levé lui aussi mais le vicaire ne lui serre pas la main il lui fait à peine un petit salut c'est un bon vicaire c'est un homme de Dieu   Il me met la main sur la tête et il me dit « Alors on se conduit comme un homme ce soir » je dis « Oui » mais ce n'est pas tout à fait vrai parce que j'ai trop souvent envie   Quand je serai grand je n'irai au petit endroit qu'une fois par jour mais quand j'irai ça va joliment compter   Ensuite le vicaire va serrer la main à ma tante Anita   Ma tante Anita est grosse et elle souffle fort elle gargouille ratouille ratatouille   Maman dit que c'est parce qu'elle se serre dans son corset comme dans un étau (qu'est-ce que c'est un étau)   Maman dit qu'elle est corsetée sur toute la ligne   je ne sais pas ce que ça veut dire mais ce n'est pas un compliment   Ensuite le vicaire va serrer la main à mon oncle Roch   Mon oncle Roch est long et mince comme un fouet il n'a pas besoin de corset et il ne gargouille pas   Maman dit qu'il a un sourire niais mais qu'il est intelligent   Je commence à avoir envie pour de vrai mais je gargouille seulement quand c'est l'envie numéro deux   Le vicaire est devant le cercueil il regarde grand-papa il se retourne et il dit « Mes chers frères disons quelques dizaines de chapelet

11

pour les âmes du purgatoire » J'ai chaud je suis en sueur Il va falloir que je me retienne Quelques dizaines c'est peut-être moins long qu'un chapelet c'est sûrement moins long qu'un rosaire mais quand on prie c'est toujours long Les gens se mettent à genoux ils ont tous l'air triste encore une fois La petite fille est revenue elle n'a plus les lèvres pincées A sa gauche (à elle) et à ma droite (à moi) il y a une vieille qui fait des grimaces en s'agenouillant C'est parce qu'elle a laissé durcir ses artères moi je ne laisserai pas durcir les miennes je veux pas ressembler à cette vieille-là Je me mets à genoux on a moins envie à genoux que debout et c'est seulement les croulants qui restent assis Les croulants ont les artères dures comme du fer Je me mets à genoux loin de maman loin du sale Roberto Si j'ai trop envie j'irai voir grand-maman Le vicaire dit « Seigneur daigne dans ta divine bonté alléger les souffrances des âmes du purgatoire » Au purgatoire c'est pas drôle ça brûle C'est bien pire que d'avoir envie

Autour de la grande boîte brune qui s'appelle un cercueil les six cierges clignent des yeux les flammes sautent dansent s'étirent Elles sont belles mais elles brûlent il ne faut pas y toucher si on y touche on est puni Ça brûle aussi au bout de mon zizi parce que j'ai envie mais il ne faut pas y toucher c'est défendu Il faut fuir les tentations il ne faut pas avoir de mauvaises pensées J'ai demandé à grand-maman pourquoi les mauvaises pensées ne nous laissent jamais tranquilles Elle a dit que c'était à cause de nos premiers parents et de mon petit diable La voix de l'abbé Latour change de ton c'est parce qu'on est arrivé à un mystère « Mys-

12

tères douloureux deuxième mystère la flagellation demandons la Pureté mes très chers frères durant cette dizaine offrons à Jésus nos souffrances physiques et morales pour le repos de l'âme de notre cher défunt » Le cher défunt c'est grand-papa grand-papa est mort — gorge serrée larmes aux yeux — il ne faut pas que je pleure je suis un petit homme je suis fort je suis courageux ce sont les femmes qui pleurent les hommes endurent même quand ça fait mal même quand ils ont envie Grand-papa avait mal aux jambes aux reins mais il ne pleurait pas il endurait Moi je n'endure pas toujours je pleure quand ça fait trop mal je pleure aussi des fois quand je suis trop fâché je pique des rages terribles Grand-maman dit « C'est ton petit diable tu écoutes ton petit diable » Les petits diables on ne les voit pas mais ils sont toujours là à nous travailler Des fois j'ai peur quand mon petit diable me travaille trop L'autre jour j'ai demandé à grand-maman pourquoi mon petit diable me travaillait tant elle a répondu « C'est le bon Dieu qui veut ça tu comprendras quand tu seras plus grand » mais alors j'aurai un grand diable qui me travaillera Le diable de mon oncle Roch est très grand et mince comme un fouet Il a un air niais mais il a dû travailler très fort parce que mon oncle Roch est incroyant il n'a pas de chapelet et quand les autres bourdonnent il n'ouvre pas la bouche Le bourdonnement de l'abbé Latour baisse encore d'un ton « Seigneur daignez dans votre bonté soulager la douleur des âmes du purgatoire veuillez répandre le baume de votre miséricorde sur leurs plaies brûlantes » Je veux pas que l'âme de grand-papa brûle dans le purgatoire même si grand-papa est capable d'endurer — cœur gros larmes qui remplissent

13

mes yeux — Grand-papa est dans la boîte brune il ne bouge pas il ne me conduira plus au parc   Grand-maman dit que nous devons tous passer par le purgatoire à moins d'être des saints ((peur de brûler main contre le poêle douleur atroce pleurs déchirants cold-cream pommade pansement grosses ampoules crevées avec les dents   Ne mords pas ça petit pas fin   Peau rouge douloureuse douloureuse))   Je veux être un saint   je veux offrir mes souffrances pour le repos de l'âme de grand-papa Mais je ne pourrai pas endurer jusqu'à la fin de toutes les dizaines il va falloir que je sorte bientôt ça commence à presser pour de vrai   La voix de l'abbé Latour est ennuyante à mort mais il ne faut pas dire du mal de lui parce que c'est un homme de Dieu   Grand-papa est-il était-il un homme de Dieu   Grand-maman dit à maman « Ton père va peut-être souvent à l'église mais c'est pas un saint c'est moi qui te le dis »   Je regarde grand-maman je voudrais qu'elle me regarde mais elle ne me regarde pas elle récite les dizaines avec les autres Je lui fais des signes des grimaces des simagrées   Voix de grand-maman voix de maman   « Ne fais donc pas de grimaces de singeries comme ça Jacot petit pas fin un petit garçon bien élevé ne fait pas de grimaces »   Je fais des grimaces à grand-maman j'ai envie et je suis tanné au coton   C'est mon petit diable qui me travaille il voudrait que je dise à l'abbé Latour de changer de disque   « Change de disque Aurélien Latour sacre-bleu   tu es ennuyant à mort »   Mais je ne le dis pas ce serait un péché il faut pas dire du mal des hommes de Dieu il faut les respecter ils sont indélébiles même s'ils ont des voix ennuyantes à mort   « Troisième mystère douloureux   le couronnement d'épines en souvenir des

14

souffrances du Christ mes frères au moment où ses bour-
reaux féroces lui enfonçaient sur la tête sa couronne de
honte et d'opprobre » Jésus-Christ en a joliment arraché Je lui offre mes souffrances parce qu'il aime ça
mais je continue à faire des signes des simagrées à
grand-maman Maman derrière moi me tire par la
manche elle me chuchote « Jacot tiens-toi tranquille qu'est-
ce que tu as » Je ne tourne même pas la tête qu'elle
s'arrange avec son sale Roberto son sale Italien J'aimerais mieux faire dans mes culottes que de tourner la
tête Grand-maman a une voilette sur la figure c'est
peut-être pour ça qu'elle ne me voit pas Il va falloir
que j'aille la retrouver que je la tire par la manche Elle
a une voilette peut-être pour qu'on ne voie pas qu'elle
pleure Moi je ne pleure pas je n'ai pas pleuré Maman m'a pris dans ses bras elle avait les yeux rouges
elle m'a dit « Ne pleure pas mon petit Jacot ton grand-
père est mort mais ne pleure pas » Elle aurait voulu
que je pleure mais je n'avais pas envie de pleurer elle
me serrait très fort contre elle je me sentais bien je
n'avais pas envie de pleurer mais j'aime j'aimais beaucoup grand-papa il me menait jouer au parc Lafontaine je m'installais dans le carré de sable ou sur les
balançoires je jouais avec les autres petits garçons avec
Mike surtout Grand-papa ne faisait rien les vieux ne
font pas grand'chose parce qu'ils ont laissé durcir leurs
artères il s'installait sur un banc à l'ombre des fois il
fumait sa pipe des fois il parlait avec d'autres vieux il
ne s'amusait pas beaucoup Quand il se levait de son
banc il faisait la grimace il était laid mais ce n'était pas
de sa faute c'était la faute de ses artères Je l'aimais
bien quand même mais je n'ai pas envie de pleurer

15

Quand maman m'a dit « Ne pleure pas mon petit Jacot » elle voulait que je pleure   Des fois il ne faut pas pleurer il faut endurer   D'autres fois il faudrait pleurer même quand on n'en a pas envie   La petite fille est à genoux à côté de la grosse dame elle ne s'appuie sur rien elle se tient bien droite c'est fatigant en diable de se tenir comme ça le bon Dieu doit être content plus on souffre plus on endure plus le bon Dieu est content moins on brûle au purgatoire   Moi je ne me tiens pas droit j'appuie mon fessier contre mes talons ce n'est pas joli mais je m'en contrefiche   La petite fille n'a pas envie comme moi   elle est allée tantôt   moi j'ai envie je souffre autant qu'elle   Aux toilettes elle a levé sa robe baissé sa culotte elle s'est assise sur le W C même pour le numéro un parce qu'elle n'a rien entre les jambes — peur anxiété — ((maman aux cabinets mon œil dans le trou de la serrure la porte soudain grande ouverte maman terrible féroce cris hurlements)) j'ai chaud j'ai le zizi brûlant   La petite fille regarde dans le vide elle tire sur son chapelet elle ne répond pas aux dizaines ennuyantes   Moi j'ai brisé mon chapelet j'ai tiré tiré je l'ai brisé en quatre en cinq en six morceaux Maman m'a dit « Tu es un petit brise-fer »   Le chapelet était trop petit   Qu'elle m'en donne un plus gros et je ne le briserai pas   Les six cierges dansent grand-papa est enfermé dans la boîte les gens bourdonnent des dizaines Roberto a l'air fou avec ses cheveux en brosse la voix de l'abbé Latour est ennuyante à mourir le zizi me fait mal je vais demander à grand-maman de me conduire au petit endroit   Je ne demanderai pas à maman   Qu'elle reste avec son sale Roberto (« Reste à genoux Berthe   je te défends de te lever   tu as

16

mal aux genoux tant pis pour toi ça t'apprendra   Prends
bien garde de bouger ou tu auras affaire à moi »)
Elle ne bouge pas elle m'obéit elle a peur de moi c'est
moi le plus fort je suis le roi je suis le maître   Mais
le roi n'est pas toujours bien servi   Des fois grand-
maman me fait mal en baissant la fermeture-éclair de
ma culotte la glissière se bloque elle tire elle tire elle
donne des coups («Cesse donc de tirer comme une
folle»)   Ensuite quand c'est ouvert elle fourre ses gros
doigts partout comme si j'étais pas capable de le sortir
tout seul («Cesse donc de fourrer tes doigts partout
Parce que j'ai eu un accident une fois ça veut pas dire
que je suis pas capable de viser tout seul»)   Maman
est plus adroite elle fait ça en cinq secs et elle me fait
jamais mal elle ne donne jamais des coups comme une
folle   Mais quand grand-maman trouve que tout est à
son goût elle me laisse tranquille elle n'est pas impatiente
énervante comme maman elle s'éloigne elle me laisse pisser
en paix   Mais il ne faut pas dire pisser c'est laid c'est
mal élevé   Uriner ça veut dire la même chose mais c'est
pas un mot sale   Faire ses commissions non plus ce
n'est pas sale on peut le dire sans être mal élevé   Jacques
est un petit garçon bien élevé il est distingué comme
tout   ce n'est pas un petit voyou il est bien habillé il
est propre   Mais Mike est un sale petit garçon il a
toujours la morve au nez ça coule et il laisse couler ça
ou bien il le lèche avec sa langue   Maman dit que
c'est un salaud un saligaud   Moi je suis pas un malpropre mais j'aime bien jouer avec Mike   Je démolis
son château à coups de pied et il me lance du sable dans
la figure il se jette sur moi nous roulons ensemble par
terre et nous rions comme des fous   Mais c'est un

17

Anglais il parle et on ne comprend pas ce qu'il dit
Les Anglais sont comme ça ils parlent et on ne les
comprend pas même quand ils sont grands   Moi je suis
pas un Anglais je suis un Canadien comme tout le monde
je parle et on me comprend   Quand je dis « Faut que
j'aille au petit endroit » on sait ce que ça veut dire
et quand je dis « C'est pressé » même maman se grouille
Je vais demander à grand-maman   Que maman s'arrange
avec son sale type son sale Roberto

    Je me lève cuisses serrées zizi serré zizi douloureux
je me dirige vers grand-maman il y a des jambes partout
grand-maman est loin   Au boudoir-salon-des-dames ça
va couler couler à grands flots puissants de cheval de
géant mais il faut que je tienne que je me retienne jusque-
là   Je passe devant un gros homme qui ressemble à
un bouledogue devant mon oncle Roch qui me sourit (ça
doit être son sourire niais) devant une vieille qui a deux
mentons qui tremblotent devant ma tante Gaétane qui
me lance un regard désapprobateur (mais il faut lui pardonner parce qu'elle traverse l'âge ingrat)   devant ma
tante Anita qui a les yeux fermés et qui est corsetée
sur toute la ligne   Je m'arrête un instant derrière l'abbé
Latour qui dit « Notre Père qui es aux cieux que ton
nom soit sanctifié »   Il va falloir que j'enjambe par-
dessus les jambes de l'abbé Latour c'est pas facile d'en-
jamber comme ça zizi brûlant zizi douloureux sans laisser
couler quelques gouttes   quelques gouttes ont coulé mais
grand-maman ne s'en apercevra pas elle n'a pas les
doigts sensibles comme maman ((maman est une fée toute
puissante elle sait tout presque tout c'est une sorcière elle
me persécute elle me veut du mal))   je suis maintenant
tout près de la petite fille et de la grosse femme   la

18

petite fille me regarde en tirant son chapelet elle a la bouche grande ouverte et elle a l'air un peu idiot (mais elle est chanceuse elle n'a pas envie mais quand elle a envie il faut qu'elle s'assoie qu'elle s'accroupisse ça lui coule à l'envers moi je reste debout et ça coule dans le bon sens) la grosse femme me regarde sans s'arrêter de bourdonner (elle est trop grosse elle doit être corsetée sur toute la ligne comme ma tante Anita mais c'est une bonne mère)   « Quatrième mystère douloureux le portement de la Croix »   j'ai bien fait de me lever avant la fin autrement j'aurais fait un gâchis   les mystères les dizaines on sait quand ça commence on ne sait pas quand ça finit — zizi serré zizi brûlant — J'arrive enfin près de grand-maman je la tire par la manche elle me regarde elle a l'air surpris elle a les yeux rouges derrière sa voilette   « Grand-maman j'ai envie je veux aller en bas »   elle ouvre son sac à main elle en tire son étui elle commence à mettre son chapelet dans l'étui ça lui prend du temps du temps du temps   « J'ai envie c'est pressé »   Elle se lève enfin mais lentement lentement je la tire par la manche nous passons devant mon oncle Roch il n'a pas de chapelet c'est un incroyant c'est une des croix de grand-maman je continue à la tirer par la manche elle me donne une secousse nous passons devant maman elle a les lèvres pincées elle est fâchée je m'en contrefiche   Pourvu que nous arrivions à temps zizi serré qui va éclater

II

GAÉTANE

En plein chapelet   On peut compter sur Jacot pour choisir le plus mauvais moment   Petit babouin aux oreilles décollées aux yeux fouineurs cherchant toujours ce qui peut déranger le plus   Comme quand je le garde jamais un moment de répit   singe malicieux toujours à l'affut d'un prétexte pour m'interrompre m'empêcher d'étudier de faire mes devoirs de regarder la télé   « Ma tante j'ai faim ma tante j'ai soif j'ai envie j'ai mal au ventre »   Dire que maman le garde tous les jours et qu'elle est folle de lui   Même durant la maladie de papa — gorge nouée calotte de plomb sur le crâne — même alors elle ne voulait pas s'en séparer le mouchant le torchant le bichonnant l'aimant beaucoup mieux (ça crève les yeux) l'aimant beaucoup mieux que nous ses propres enfants   Je m'en balance joliment mais quand même   Les voilà qui passent près de moi dérangeant tout le monde le babouin grimaçant l'air buté le front barré d'une ride tirant sur maman à lui arracher le bras   Il risque de mon côté un sourire furtif elle

21

me fixe un moment de ses yeux rougis   Je détourne
la tête   Ne pouvait-il pour une fois prendre ses précautions est-ce que je ne les prends pas moi tous les
mois — dégoût nausée — contre ce sang qui suinte qui
coule tous les mois depuis six mois   Les enfants sont
dégoûtants je ne veux jamais avoir d'enfant ((fœtus à
la tête de montres extra-terrestres aux oreilles de chimpanzé aux membres de batraciens flottant au bout de leur
cordon))   Ne jamais secréter ça dans mon ventre ne
jamais sustenter ça à l'intérieur de moi (Berthe maigre
comme un chiot ventre montagneux saillissant comme un
éperon)   Mieux vaut malgré tout endurer ces tampons
(écœurants saucissons qui rougissent s'imbibent se gon-
flent mais que l'on peut arracher d'un coup et jeter dans
la poubelle) mieux vaut souffrir ces nauséabondes serviettes ces démangeaisons ce frottement exaspérant
Et je suis chanceuse que ça soit venu si tard (crispantes
questions de maman « Comment te sens-tu Gaétane
Pas de malaise rien qui cloche   S'il y avait jamais
quelque chose n'importe quoi ne te gêne pas ta mère
est là Gaétane »)   Ma nubilité tardive ((ne suis-je
pas anormale monstrueuse)) chance insigne deux ans de
tranquillité de propreté supplémentaires   Et assez peu
abondantes encore ces règles en somme suintement chiche
écoulement parcimonieux ((anxiété — serais-je seulement
capable d'avoir des enfants   à quoi bon être belle si
on est stérile)) écoulement parcimonieux comparé au
flot au torrent de Suzanne Giasson (mais n'exagère-t-elle pas)
son gros corps graisseux qui sent la sueur le moisi ses aisselles
hérissées de crins noirs elle m'écœure ça l'a pris voilà
déjà trois ans (elle a pourtant mon âge) en plein salon
où s'entassaient des invités nombreux   Suzanne debout

en train de chanter près du piano (avait-elle déjà
sa moutache de poils follets ses aisselles broussailleuses)
tout à coup ce chatouillis ce trottinement contre sa
cuisse   Sa chanson terminée dans les sueurs l'anxiété
elle baisse les yeux elle aperçoit la large traînée brunâtre
étalée sur son bas   Je serais morte de honte   Jamais plus je n'aurais osé lever la tête regarder les gens
en face   Mais je prends mes précautions   Trois jours
avant l'échéance désodorisant tampax parfum serviette
hygiénique   Et souvent pour un piètre suintement une
cuillerée à thé de liquide poisseux ((suis-je anormale
pourrais-je avoir des enfants)) je prends mes précautions
(comme mademoiselle Lacoste il n'y a pas moyen de
savoir quand elle a ses règles   Toujours impeccable
inodore maîtresse de soi délicatement parfumée aisselles
glabres et sèches)   Je ne suis pas comme ce vulgaire
petit Jacot qui se croit qui se veut le nombril du monde qui
se mouillerait et se crotterait de la tête aux pieds rien
que pour attirer l'attention   Quand je le garde pas
moyen de lire d'étudier de regarder la télé   Le lendemain en classe devoirs mal faits leçons pas apprises peur
anxiété de déplaire à Mademoiselle Lacoste   « *Gaétane
you haven't studied well* » peur de Monsieur Tardieu —
crispation — Non non ne pas penser à lui penser à autre
chose   Le petit malpropre il tire maman par la
manche au risque de la faire tomber (elle qui n'est pas
trop solide sur ses jambes) le petit pitre réclamant exigeant
toujours l'attention   La prochaine fois je vais refuser
de le garder   Que Berthe s'arrange toute seule c'est
elle qui l'a eu elle a voulu l'avoir (squelettique le teint
cireux le ventre saillissant comme un éperon) qu'elle s'occupe de son petit singe aux oreilles décollées aux che-

23

veux hirsutes d'un blond pisseux raides comme des cordes   Les cheveux luisants satinés de Mademoiselle Lacoste impeccablement séparés par une raie   le blanc de la raie le noir des cheveux noir de jais (de geai j-a-i-s g-e-a-i lequel est un oiseau lequel un minéral *jay jaybird*   faiblesse orthographique)   Les caresser caresser les cheveux de Mlle Lacoste y passer la main doucement tendrement la repasser doucement — crispation — Ce vil petit cabotin quand je le garde pas une minute de paix   La prochaine fois je refuserai de le garder   Voix de maman   « Petite égoïste tu ne penses qu'à toi   Berthe est seule maintenant il faut bien qu'elle sorte de temps en temps »   Mais est-ce ma faute à moi si Albert est parti (mais maintenant ce Roberto hagard le remplace)   Voilà le petit cabotin qui grimace à droite et à gauche   j'aurais dû l'arrêter le tirer par la manche le secouer comme un prunier (mais maman lui laisse comme toujours faire ses quatre volontés)   N'est-il pas assez vieux pour se rendre compte ne sait-il pas que papa que son grand-père est mort   Papa est mort — gorge nouée casque de plomb autour du crâne — pour moi il a travaillé peiné peur me nourrir m'habiller pour payer mes études (et celles de Julien le sans-cœur qui n'est pas venu)   Jamais plus jamais plus il ne me demandera à mon retour de l'école en me posant la main sur l'épaule   « Comment ça a marché aujourd'hui ma Gaétane »   jamais plus — engloutissement descente vertigineuse au fond d'un gouffre crampe au fond du ventre — « Et ne nous soumets pas à la tentation mais délivre-nous »   Sa main sur mon épaule — sérénité sentiment de protection — la légère pression de ses doigts — frissons petites vagues irradiantes depuis l'é-

24

paule en direction de   — malaise gêne — Ma poitrine va-
t-elle continuer à se bomber se gonfler va-t-elle devenir
grosse comme celle d'Anita — sensations picotements à la
pointe des seins —   Non non   Penser à autre chose chasser ces sensations   Porter attention au chapelet à la voix
ronflante de l'abbé Latour   « Je vous salue Marie pleine
de grâce le Seigneur est avec vous vous êtes bénie »
Mais la voix douce de papa quand je rentrais de l'école
Malgré la maladie qui déjà sûrement le rongeait malgré
sa mémoire défaillante il se souvenait   « L'algèbre ça
va-t-il un peu mieux maintenant ma Gaétane »   Mais
il n'était pas souvent à la maison à mon retour il fallait
bien qu'il mène au parc Lafontaine le petit clown aux
oreilles de singe et qu'il reste là des heures près du carré de
sable à s'ennuyer sans doute assis sur un banc dur lui
qui avait mal au dos aux reins passant là des demi-
journées alors que ce qu'il aimait surtout vers la fin c'était
de rester à la maison   Et encore par-dessus le marché
devait-il au retour pratiquement traîner un babouin qui
piaillait criait trépignait de rage   Combien de fois ne
les ai-je pas vus tous les deux (triste pathétique risible
couple) le petit tirant le grand à l'aller le grand tirant le
petit au retour   Comment papa pouvait-il avoir tant
de patience arrivant à la maison épuisé articulations lan-
cinantes sueurs au front se laissant tomber dans son
fauteuil avec une grimace douloureuse   et alors bien
sûr c'était moi que devais (interrompant mes devoirs mes
lectures mes rangements) reconduire le petit chez Ber-
te   Au moins s'il m'en savait gré   Mais non
Quand je le garde un vrai diable cherchant inventant
des prétextes pour me faire enrager   Dix quinze vingt
fois aux toilettes dans une soirée   « J'ai encore envie

tante Gaétane   Baisse   remonte   ma culotte détache
rattache ma ceinture ma tante»   (Le prendre en fla-
grant délit de mensonge éventer ses sales petits trucs)
L'oreille collée à la porte des W-C les nerfs en boule
j'écoute   Depuis un bon quart d'heure il doit être là
Mais si j'essayais de retourner étudier aussitôt son cri
son ordre retentiraient «Viens me boutonner ma tante
j'ai fini»   Lentement précautionneusement je tourne le
bouton puis vlan claquement de la porte contre le mur
Le babouin n'est même pas près dc la cuvette   Ac-
croupi dans le coin au bout de la baignoire il joue avec
des brosses des peignes une bouteilles de désinfectant
Son air de triomphe son sourire de putain le revers de
ma main claquant contre la joue ses cris ses hurlements
d'écorché vif   C'est pour ça j'en suis sûre c'est par
vengeance qu'il s'est ensuite mouillé souillé   Sa puanteur affolante quand il s'est approché de moi l'air sournois
en silence   Le battre comme plâtre lui enfoncer le museau dans sa merdeuse culotte nauséabonde entourer d'une
corde son dégoûtant petit machin et serrer serrer pour
que rien ne passe plus ((la vessie gonflée comme un
ballon il se roule par terre de douleur il me supplie de
le délivrer))   Moi je prends mes précautions   Trois
jours d'avance   Personne ne sait que je suis indispo-
sée   (Une seule fois cette affreuse tache écarlate sur
mon slip)   Désodorisant (discret) tampon serviette
Je reste aseptique et calme comme Mademoiselle Lacoste   Je ne suis pas comme ce petit malpropre (qui
se roulerait dans ses déchets si on le laissait faire)
La belle scène au retour de Berthe (la fielleuse la sour-
noise la chafouine) quand elle a aperçu le caleçon et la
culotte de Jacot en train de sécher   «Comment il s'est

26

mouillé il s'est sali vraiment   comme c'est curieux
ça ne lui arrive jamais quand je suis là »   Langue de
vipère qui met tout sur le dos des autres qui se fait
passer pour une perfection une martyre   La voix de
maman   « Cette pauvre Berthe il faut la comprendre ce
n'est pas drôle d'être plantée comme ça par son mari
Jamais j'aurais cru Albert capable d'un coup pareil »
Mais moi je l'aimais bien Albert   Berthe le traitait
comme un torchon   Moi aussi j'aurais fiché le camp
à sa place   « Fais ci fais ça Albert   Cesse donc de
faire des farces plates Albert »   Il n'était pas raffiné
ça d'accord mais je me sentais à l'aise avec lui — fatigue
au dos douleur au genou droit — Est-ce que ce chapelet
va jamais finir   Heureusement ma crampe au ventre est
presque partie autrement aurais-je pu tenir n'aurais-je pas
dû sortir moi aussi   Et ce pauvre vicaire Latour avec
sa voix endormante qui se croit obligé de nous faire un
sermon à chaque dizaine   Pompier au possible   S'é-
coutant parler   Enfilant banalité sur banalité   Il faut
être naïve comme cette pauvre Anita pour le trouver
éloquent   Pâmée devant lui bouche ouverte avalant buvant ses paroles   Bonne poire passant des heures et des
heures à lui cuisiner des douceurs des petits fours
Mais au moins sans malice sans prétention   Tout l'opposé
de Berthe la pincée la langue de vipère   « Comme c'est
drôle   quand Jacot est avec moi il ne se mouille jamais »   Albert a bien fait de la plaquer   (Mais
comment a-t-elle réussi si vite à dénicher ce Roberto
« Rien ne colle comme de la peau quand ça colle » dit
Roch)   Le large sourire d'Albert ses exclamations joyeu-
ses quand il me voyait arriver chez eux au retour de
la classe   « Comment va notre couventine aujourd'hui »

ses longs bras levés au-dessus de sa tête le naturel de
son parler joual   « Quoi ce que les sacrées Dames de
la Congréation t'ont mis dans le ciboulot aujourd'hui
Gaétane de mon cœur »   « Elles m'ont dit qu'il fallait
se méfier des beaux-frères »   « Ah les maudites   Hé
ben puisque c'est comme ça je vas lâcher ta sœur pis
je vas te marier   De même tu seras plus obligée de
te méfier de moi »   Berthe haussait les épaules prenait
un air dédaigneux   « Regarde ta sœur   disait Albert
c'est une grande dame une quasiment aussi grande dame
que les Dames de la Congrégation »   Alors Berthe se
mettait à insulter Albert à se moquer de ses anciennes
prouesses sportives à lui reprocher de gagner si peu
comme livreur d'eaux gazeuses   Blêmissant de rage et
poings serrés Albert ne disait plus rien   Je ramassais
mes livres et m'en allais (je ne veux pas me marier je
ne veux pas avoir d'enfants)   Berthe enceinte teint
cireux l'abdomen en éperon errant décharnée de pièce
en pièce répétant   « Je ne sais pas si j'étais faite pour
être mère penses-tu Gaétane que je serai capable d'être
une bonne mère »   pressant soupesant entre ses mains
ouvertes son ventre pyramidal lançant contre Albert des
accusations insultantes et injustes   Mais tout miel tout
sourire avec Roberto le malappris qui a le culot de me
tutoyer (comme si j'étais une filette) qui croit m'amadouer
en me faisant des compliments ridicules   « Comme tou
as una bella robe Gaétana »   (« Retourne dans ton
pays maudit habitant calabrais »)   Qu'est-ce que Berthe
peut bien lui trouver je me le demande   (« Il la tient
par la peau » dit Roch)   Départ d'Albert apparition de
Roberto nervosité de Jacot   Conseil de famille un soir
au salon (moins Julien   Non non ne pas penser à Ju-

lien)   Papa pauvre papa l'œil errant enveloppé dans une couverture et étranger à la conversation   « Par la peau par la peau qu'est-ce que tu veux dire Roch » dit Anita   « Par le cul veux-tu que je te fasse un dessin » dit Roch   « C'est surtout le petit qui m'inquiète » dit maman   « Roch tu devrais pas parler comme ça devant Gaétane » dit Anita   « Elle n'a que quatorze ans »   (la grosse poule couveuse à la cervelle de poule couveuse qui couve ses deux empotés d'enfants comme une poule couveuse)   « C'est surtout le petit qui m'inquiète » dit maman   « Dans n'importe quel couple dit Roch il y a toujours un des deux partenaires qui domine   Entre Berthe et Albert c'était Berthe   Entre Berthe et Roberto c'est Roberto »   « Qu'est-ce que ça change dit maman l'important c'est de les séparer »   Je regarde Roberto (ses yeux caverneux son profil de vautour) à genoux son chapelet à la main à côté de Berthe   Berthe a les yeux baissés (ses faux cils d'une longueur absurde ses pommettes d'un rouge outré)   Ils prient pour papa (comment peuvent-ils prier pour papa en vivant dans le péché)   Roberto tient Berthe par la peau il la domine — fatigue dans le dos crampe qui revient dans mon ventre — les cierges brûlent autour du cercueil de papa   Papa est mort   jamais plus sa main sur mon épaule jamais plus cette sensation de douceur ces petits frissons sur la peau   Par la peau il la tient (il lui dit couche-toi là elle se couche il lui arrache il lui déchire ses vêtements il lui attache les poignets les chevilles aux montants du lit il la tient par la peau il la domine il saisit un fouet — crispation angoisse — il lève le bras)   « Nous ne savons pas hélas mes frères combien d'âmes languissent et depuis combien de temps dans le Purgatoire n'attendant de

29

notre part qu'une petite prière supplémentaire »   Ce pauvre abbé Latour maintenant que le voilà lancé il ne s'arrêtera plus il fera le tour du chapelet encore une fois — crispation angoisse — Roberto saisit un fouet il lève le bras   Vêtements en lambeaux épaules sanglantes Berthe fait d'inutiles efforts pour se libérer de ses liens (non non penser à autre chose)   Mon genou droit me fait mal   Appuyer davantage dessus appuyer très fort pour que la douleur irradie dans la cuisse le mollet   A genoux devant moi Mademoiselle Lacoste étanchant doucement la plaie   Le brûlement de l'iode sur ma rotule   *« Gaétane dear what a clumsy girl you are   How can one bump that hard against a stool in full daylight »* — chaleur inondant mes joues faiblesse envahissant mes membres vision de l'impeccable raie divisant la noire chevelure — *« I was late Mademoiselle   I was running and you had told me that if I were late again you would . . . »* Julien à genoux devant moi (petite fille en pleurs au genou sanglant à la robe maculée de boue) Julien chevelure luisante de pommade et parfumée embrassant léchant la plaie (mes pleurs peu à peu s'apaisant)   « Pardonnemoi petite Gaétane de t'avoir jetée par terre   Je veux avoir mal au genou comme toi   Je souhaite qu'on m'ampute la jambe »   « Non non Julien relève-toi je t'aime je te pardonne »   Est-ce le même Julien (garçonnet garçon naguère sensible douillet écolier étudiant modèle tiré à quatre épingles) est-ce lui qui aujourd'hui — déception rancœur — a refusé de venir rendre à papa un dernier hommage   Frère autrefois adoré idolâtré que je suivais comme un petit chien   modèle parfait insurpassable inatteignable   Maman brandissant en triomphe son bulletin de classe   « Tu vois Gaétane » me le passant sous le nez   « Tu vois il est encore arrivé premier et pourtant il a été malade il a dû manquer la classe au moins dix jours ce mois-ci »   Je baisse la tête — sentiment d'infériorité d'inexistence — Julien modèle intouchable inatteignable   (Mon Dieu faites que maman ne me méprise pas trop faites que Julien consente encore à jouer avec moi de temps en temps   « Je te suivrai partout Julien je ferai tout ce que tu voudras »   Bon Jésus si Julien joue avec moi aujourd'hui je réciterai un chapelet avant de m'endormir à genoux sans appui sur le plancher) Mais Dieu ne m'écoutait pas il ne m'exauçait pas Julien ne jouait pas Julien jouait rarement avec moi (et maintenant Julien est parti)

Et maintenant me voici à genoux (suis-je la même est-ce moi) un chapelet à la main près du cercueil de papa (moi qui suis une bonne fille) je prie pour le repos de l'âme de mon père chéri   et parce que je prie avec ardeur papa ne souffrira pas en Purgatoire   car Dieu existe il est là-haut queque part ((non il n'est nulle part il n'existe pas il se fiche de nous))   il nous regarde il nous surveille il nous aime (peut-être) même quand nous sommes méchants   Et Julien où est-il (m'aime-t-il encore un peu) traînant dans quelque assemblée   Devenu athée agnostique est-ce possible (mais peut-être que Dieu n'existe pas)   « Appelle-le Gaétane dit maman   Essaye de le rejoindre   Moi j'aime mieux ne pas lui parler   Appelle-le   Il faut quand même qu'il sache que Norbert est mort »   La voix étrange étrangère de Julien au bout du fil (striée de parasites)   « De toute façon je pourrais pas aller au salon funéraire aujourd'hui   Faut absolument que j'assiste à un meeting »   Voix étrangère à l'accent étrange (est-ce à cause de cette Sophie aux crins de ju-

31

ment)   Revu la dernière fois angle Bishop et Sainte-Catherine cigarette pendante aux lèvres (peut-être de mari) barbe hirsute myope ressemblant à Alphonse Daudet (sans binocle) petites mèches frisottant sur le front (*Manuel de littérature* chapitre *Réalisme et Naturalisme* photo de Daudet au milieu de la page à droite   Chapitre à repasser bonne élève mémoire visuelle étonnante)   Mais je ne retournerai en classe ni demain ni après-demain ni vendredi (pour une journée ça ne vaut pas la peine) Lundi Mademoiselle Lacoste me fait venir à son bureau Je m'assieds vêtue de noir (même si mon genou est guéri je porterai un pansement) je baisse les yeux elle pose sa main douce aux ongles vernis taillés impeccablement (je vais vernir tailler les miens ce soir) sa main douce sur la mienne elle dit de sa voix grave ondulante   *« How very sorry I am Gaétane about your father   Is there anything I can do for you »*   Je lève un moment les yeux sur elle je vois l'impeccable raie qui sépare ses cheveux soyeux d'un noir de (consulter mon dictionnaire ce soir sans faute) je retire doucement ma main pour me tamponner les yeux   *« No thank you Mademoiselle I shall be all right »*   Je pose peut-être un moment (c'est le chagrin la nervosité) la main moi aussi sur la sienne je sens la bosselure de sa bague d'améthyste (qui donc a pu lui donner cette bague peut-être a-t-elle autrefois aimé quelqu'un peut-être a-t-elle eu un fiancé mort dans un accident)   Mais maintenant elle est seule elle se consacre à son enseignement elle se donne tout entière à nous ses élèves   Elle éloigne décourage d'un geste d'un mot poli mais ferme les soupirants éventuels   Je sens la bosselure de son améthyste les griffes du chaton s'enfonçant dans ma paume au moment où je serre

« *Thank you you are very kind* »   Mais peut-être parlera-t-elle peut-être parlerons-nous en français — timidité sentiment d'infériorité mon mauvais accent — sa voix grave musicale sa bouche prononçant articulant le français avec la même aisance souveraine que l'anglais   Ses lèvres minces vigoureuses à peine soulignées d'un soupçon de rouge se projetant se séparant s'unissant se distendant avec une précision sans faille — admiration désir intense de l'imiter —   Les lèvres molles (maintenant) relâchées de Julien entre lesquelles pend et dansotte une cigarette éteinte élocution parlure joualisantes   « Tout ça c'est des patentes bourgeoises pour humilier le peuple tes cours de diction tes r grasseyés et toute la bastringue c'est de la pure merde »   Je ne réponds pas je fais demi-tour je marche très vite sans détourner la tête il me crie de loin   « Je t'invite à notre prochain meeting tu verras ce que c'est ça te fera du bien »   Je cours je m'engloutis je disparais dans la bouche du métro   la foule la chaleur léger vertige le roulement sourd le grondement de l'escalier mécanique les figures indifférentes qui montent pendant que je descends m'enfonce d'un mouvement régulier irrésistible sœur indigne d'un révolutionnaire magnanime ayant renoncé à tout au confort au diplôme universitaire à la niche sociale assurée   Julien aussi grand plus grand qu'au temps de mon enfance ne m'abandonne pas   je m'enfonce anonyme petite bourgeoise (parmi la foule anonyme) serrant honteusement sous mon bras le costume que je viens d'acheter et dont j'étais si fière   Rentre sous terre Gaétane cache-toi rampe avec les tiens avec tes semblables les soumis les conformistes   Tu n'as même pas eu le courage d'écouter à quel meeting t'invitait Julien grand frère che-

33

valeresque qui t'ouvrait généreusement les bras   Fais
demi-tour Gaétane retourne à la surface   Va retrouver
ton frère   « Me voici je suis prête »   (Mais la voix
calme et ferme de Mademoiselle Lacoste   « *Let me tell
you one thing girls   If you want to be respected dress
neatly   Selt-respect begins with neat clothes* »)   Je continue mon chemin la tête haute je regagne mon foyer
J'ai un père malade une mère anxieuse qui m'attendent
j'ai des devoirs à faire des leçons à étudier   « *Let me tell
you one more thing girls   If you are ever accosted by
young bums or beatniks — as they are now called — don't
answer don't even turn your head   That would be reducing
yourselves to their level   Just keep on walking straight
as if they did not exist* »)   Chaleur étouffante oppres-
sante bourdonnement vertigineux du métro   Je ne suis
pas une petite bourgeoise une ratée je suis en train de
m'instruire d'acquérir de belles manières je suis arrivée
première en anglais deuxième en composition en dessin
en diction   Dans trois ans j'aurai mon diplôme je
pourrai enseigner comme Mademoiselle Lacoste j'aurai
un appartement un *penthouse* sur la montagne j'y recevrai
mes amies mes élèves   Mademoiselle Lacoste y viendra
quelque fois causer avec moi durant le week-end   Tout
en lui versant du thé je lui annoncerai avec nonchalance
que je viens d'obtenir mon M.A. avec grande distinction
« *I knew you would suceed Gaétane I never had the
slightest doubt about your future* »   Mais Julien
mon frère que j'aime errant au milieu d'un troupeau
de barbus narcomanes et de filles malpropres aux crins
poisseux hantant les meetings les cellules marxistes séparatistes maoïstes socialistes   (Et s'il avait raison si
c'était là la seule façon de sauver de régénérer notre

34

société)   Non non le sauver de là l'arracher des griffes (elle le tient sûrement par la peau) des griffes de cette affreuse Sophie Teunebröker aux yeux bulbeux de ruminante   (« Je n'aurais jamais cru dit maman en s'essuyant les yeux je n'aurais jamais cru que Julien descendrait jusque-là »)   En blue jeans échiffés en pull flottant comme une chemise de nuit les cheveux me tombant sur les épaules en mèches graisseuses je me tiens à côté de Julien je me serre contre lui j'entoure sa taille de mon bras   Au Forum à l'aréna Maurice Richard au centre Paul Sauvé nous sommes ensemble nous écoutons ensemble les paroles de l'orateur j'applaudis quand il applaudit je crie hourra quand il crie hourra   Dans un taudis à la lueur d'une chandelle (la sale hydro ayant coupé l'électricité) assis en tailleur au milieu d'un groupe de révolutionnaires nous formons cercle coude à coude épaule contre épaule (je sens l'épaule de Julien contre la mienne) nous discutons longuement nous nous constituons en tribunal   Après une enquête épuisante après une filature qui a duré des mois je viens de dévoiler et de dénoncer la trahison de la camarade Sophie Teunebröker espionne à la solde du F.B.I. une fille de rien ramassée par un G.I. dans le port de Rotterdam La tête entre les mains la bouche en arc de cercle Julien se met à frissonner silencieusement à mes côtés   Puis (lui d'ordinaire si peu démonstratif) il me serre le bras en signe d'admiration et de reconnaissance   Quant à l'espionne à la pauvre garce écrasée dans un coin et qui tremble de tous ses membres je demande aux camarades de l'épargner   Après un long plaidoyer j'obtiens sa grâce   « Mais file salope et qu'on ne te revoie plus » Au moment où elle va franchir le seuil un camarade

35

chaussé de brodequins cloutés se lève et lui décoche au derrière un forminable coup de pied   Sophie pousse un hurlement de douleur   Le cercle se reforme autour de la chandelle — chaleur intimité épaule de Julien contre mon épaule — on veut entendre de ma bouche les péripéties de l'enquête   Béant d'admiration Julien boit mes paroles   (Mais sa foi révolutionnaire est brisée il reviendra à la maison reprendra ses études comme autrefois)

Petite écolière dans l'après-midi tard retour de l'école en automne le vent hurle   Penchés Julien et moi sur la table de cuisine il m'explique un problème d'arithmétique il est fort il est grand je comprends je fais mine de ne pas comprendre il recommence l'explication il est toujours le premier en classe il n'a d'amie que moi Coude à coude dans le taudis autour de la chandelle cellule de camarades je sens sa bonne chaleur   Sophie Teunebröker la traîtresse la moucharde erre au loin désespérée dans le brouillard   un homme vêtu d'un imperméable sombre l'a prise en filature   (En Chine les espions les espionnes les traîtres les traîtresses on leur plante un boyau dans l'anus dans le vagin   on y fait couler sous pression un acide dévorant les victimes se tordent hurlent de douleur   Le ventre gonflé à se rompre poignardées de crampes aigües elles doivent se mettre à genoux baiser les pieds de leurs tortionnaires implorer pardon pour leurs erreurs — frissons crispations — Non Non)

    « Notre père qui es aux cieux pardonne-nous nos offenses comme nous pardonnons » — sensation de faiblesse   douleur aiguë au genou sueurs aux aines aux aisselles — menstrues pour demain après-demain dans deux jours serviette sanitaire entre les cuisses impureté fé-

tidité   En classe — crispation attente angoissée —
je n'ai pas compris pas fait mes problèmes d'algèbre
Monsieur Tardieu est planté devant moi il se soulève à
petits coups sur la pointe des pieds il me transperce de
ses yeux je transpire de peur je vais m'évanouir (pourquoi
ai-je choisi cette année encore l'option maths où je suis
nulle pourquoi suis-je encore tremblante sous la domi-
nation de Monsieur Tardieu   Sa trogne de boxeur sa
voix rugueuse ses mains velues aux doigts retroussés)
« Allez au tableau Mademoiselle Barré » — bouffées de
chaleur craie oblongue entre mes doigts contractés
pertes blanches rouges — « Allez Mademoiselle Barré
allez »   Je serre les cuisses   la serviette va-t-elle tenir
imbibée comme une éponge écarlate nauséabonde je
tremble je me crispe je meurs de honte de peur le tableau
noir les équations s'étirent se tordent   « Ce n'est pas
un zéro que vous méritez Mademoiselle Barré c'est un
moins   Vous n'êtes même pas capable de copier cor-
rectement les données du problème » — panique vertige
disparaître m'anéantir me jeter à ses pieds implorer son
pardon   Il me gifle à plusieurs reprises claques
retentissantes brûlantes sur mes joues   il déchire il
arrache mes vêtements robe jupe soutien-gorge   « Ah
ah Mademoiselle nous allons bien voir qui aura le dernier
mot sale petite garce nous allons bien voir si tu vas
les faire tes devoirs »   Il me jette brutalement sur le
sommier métallique dont les fils de fer s'incrustent dans
ma peau labourent mes fesses   il m'attache les poignets
les chevilles aux colonnes du lit en m'étirant les bras
les jambes en une tension insupportable   Une sorcière
perchée sur un tabouret dans le coin de la cellule rit d'un
rire strident pendant que Monsieur Tardieu lui dépose dans

37

la main une pièce de 25¢   Elle croasse de plaisir et
m'apostrophe   « Tu vois sale petite putain voici ce
qu'il me donne   Sais-tu compter jusqu'à vingt-cinq au
moins   Vingt-cinq cennes c'est tout ce que tu vaux
Maintenant il peut faire de toi de ton sale petit corps
tout ce qu'il voudra »   Monsieur Tardieu commence alors
lentement à se déshabiller   les fils de fer s'enfoncent de
plus en plus plus dans ma chair mes reins mes fesses
il enlève sa chemise sa camisole ouvre sa   « Non non
je vous en supplie je ferai mes devoirs j'y passerai la nuit
s'il le faut je serai votre servante votre esclave je frot-
terai vos plancher je »

A genoux je suis à genoux couverte de sueurs le
cœur battant dans le salon funéraire devant les longs
cierges dressés dardant leurs flammes près du cercueil
« Que les fidèles trépassés reposent »   voix rauque priant
un Dieu cruel indifférent qui a laissé mourir papa   Il
est là dans cet horripilant cercueil aux poignées nickelées   Bientôt on va le descendre dans la fosse dans les
entrailles de la terre   Jamais plus — désolation existence désertique vastitude de sable où rien ne pousse —
jamais plus il ne posera sur mon épaule sa main jamais
plus ne fera courir sur ma peau de petits frissons — inquiétude — jusqu'à la pointe aréolée de mes seins (trop gros
encombrantes masses de chair)   Penchée sur lui ma
poitrine — culpabilité — appuyée sur lui quand il lisait
le soir son journal assis dans son fauteuil de peluche
Non non ce sont des imaginations des chimères
« *How delightfully sensitive you are dear Gaétane* »   Mademoiselle Lacoste posant un moment un très court moment
sa main sur la mienne y exerçant une légère très légère pression au-dessus de sa table de travail — réconfort sécurité —

Seules elle et moi dans son bureau impeccablement tenu je lui raconte un peu mes rêveries un tout petit peu seulement mes rêveries mes inquiétudes   Que dirait-elle — angoisse honte honte — que dirait-elle si vêtements en lambeaux la poitrine nue attachée aux colonnes du lit par Monsieur Tardieu elle me voyait les ressorts de l'ancien sommier s'enfonçant labourant la double rondeur (non non)   Un tout petit peu seulement je lui raconte quelques détails (les moins choquants) de mes chimères en me sentant toute petite toute insignifiante devant elle (mais protégée enveloppée comprise par elle)   Devine-t-elle le reste de mes chimères devine-t-elle mon anxiété lorsque pour me calmer elle prend ma main dans les siennes et joue d'un air absent avec mes doigts   *« There are perhaps people more refined than Monsieur Tardieu but he is a good man   he wouldn't hurt a fly »* femme forte ferme admirable toujours maîtresse d'elle-même ne disant jamais de mal de ses collègues (mais à un léger froncement de sourcil à une imperceptible moue de ses lèvres je devine je comprends son sentiment) Femme douce au fond et tendre (à genoux devant moi appliquant avec délicatesse le pansement sur mon genou blessé) mais capable en classe (si l'on désobéit si l'on manque d'application) de sévir avec une sévérité implacable (l'évanouissement de Réjane Giguère restée trop longtemps à genoux en punition)

    Elancement au genou frissons ai-je la fièvre pourrai-je assister demain aux funérailles   Roberto me fixe de son œil perçant il opine de la tête pendant que Berthe lui chuchote quelque chose à l'oreille (elle lui parle de moi elle lui dit du mal de moi)   Gueule de corsaire sicilien nez pointu comme un soc il la tient par la peau

il exige qu'elle lui soit soumise comme une esclave autrement il la bat il la torture épouvantablement
Il a les yeux braqués sur moi (deux bouches de canon
noires pointées sur moi) (elle lui dit que Jacot se mouille
quand c'est moi qui le garde) Il hoche la tête   son
masque de corsaire se durcit encore davantage — serrement
de mes cuisses — il va me demander des comptes il va
me corriger épouvantablement   « Penche-toi en avant »
j'obéis tremblante   « Encore plus » j'ai la tête plus basse
que — étourdissement crispation intolérable — « Ne bouge
plus si tou bouges tou vas le regretter »   le sifflement du
fouet la brûlure — tension fessière aspiration profonde —
Non non ce n'est pas moi qu'il domine qu'il asservit
Pauvre Berthe   La protéger lui donner de bons conseils
la délivrer de ce corsaire   Je déteste les hommes je
déteste Roberto je ne veux pas me marier   « Quand
une femme a le feu quelque part dit Anita c'est pire qu'un
homme »   Berthe n'est sûrement plus la même qu'avant
le départ l'abandon d'Albert (chapeaux extravagants ma-
quillages outrés jupes à mi-cuisses)   « C'est scandaleux
à son âge » dit maman   « Au sein du couple il y a
toujours un des partenaires qui domine l'autre » dit Roch
Autrefois Berthe était dominante maintenant elle est do-
minée   elle tremble devant Roberto elle lui obéit au
doigt et à l'œil   si elle ne file pas doux — tension fessière — il la ligote il saisit un fouet   (Non Non
Non)   Je lève les yeux vers lui   il ne me regarde
plus il fixe le plancher   Profil anguleux triangulaire
front et menton fuyants nez tranchant comme un soc qui
laboure déchire   On lui passe dans le nez un anneau
un crochet relié à un tracteur par une chaîne   le tracteur
tire tire les chenilles mordent écorchent le sol les os

40

craquent se disloquent le cerveau pressé compressé saigne
se rompt — angoisse palpitation — Papa est mort   une
artériole palpite se tord se tend éclate sous l'effet de la
pression le sang se répand dans le cerveau imbibe submerge
la matière grise inondation écarlate implacable alluvions
du Nil du Gange pays tropicaux chaleur intense moiteur
visqueuse — nœud guttural envie de pleurer — sa figure
tirée d'un côté un œil (le droit) hagard sans expression
voix éraillée lèvres molles langue épaisse et pâteuse
« Fetite Vaétane f'est toi »   sa main me cherchant me
serrant très fort   Une veine un vaisseau éclate au
fond de moi le sang s'insinue dans mon ventre dans mes
entrailles il m'imbibe il m'inonde — sueurs défaillance —
je paie il faut que je paie je ne mérite pas de vivre
L'avant-veille de l'apoplexie de l'hémorragie (Gange vaseux
visqueux torrentiel culbutant des pans de forêt)   « Ma
petite Gaétane je n'ai plus de tabac » (pourquoi attend-il
toujours à la dernière minute — agacement tension pré-
menstruelle — je serais en retard pour ma répétition si)
La voix acide de Mademoiselle Lacoste   « *If you are late*
again Gaétane I'll have to look for someone else to play
your part »   ((— agacement colère — Mademoiselle Lacoste veut tout dominer elle ne pense qu'à elle qu'à ses
projets))   « Tes Père et Mère honoreras »   Je suis une
méchante fille ingrate   Reste à genoux même si le chapelet est fini méchante fille ingrate   Appuie-toi pèse
de tout ton poids sur ton genou malade pour que la
douleur te transperce   Que restait-il à papa (papa
que j'aime que j'ai aimé) que lui restait-il vieillard sclérosique crucifié dans son lit   que lui restait-il sauf sa
pipe et son tabac et les quelques rares témoignages d'affection de ses enfants   « Tes père et mère honoreras

afin de vivre » Méchante fille ne pensant qu'à elle-même à ses projets ne pensant qu'à ne pas déplaire à Mademoiselle Lacoste « Papa je n'ai pas le temps d'aller à la tabagie maintenant » Reste à genoux Gaétane dans ce sinistre salon mortuaire aux tentures couleur de sang figé au plafond gris encerclé d'une moulure épaisse à genoux jusqu'à la défaillance Une douleur sourde habite travaille ronge ta rotule droite celle que tu as violemment heurtée contre un escabeau juste avant la répétition « *Poor Gaétane how awful* » Mademoiselle Lacoste à genoux devant moi baissant doucement mon bas appliquant sur ma rotule un tampon d'ouate imbibé d'iode son souffle contre ma peau pour assécher l'iode Reste à genoux Gaétane prie pour ton père prie pour toi La douleur monte de ma rotule le long de ma cuisse elle rampe jusqu'à l'aine s'insinue dans mon ventre dans mes entrailles le pus se loge dans le genou la gangrène putréfie les chairs gruge les os elle se répand dans tout l'organisme à une vitesse foudroyante — sueurs frissons claquements de dents — course hurlante et suicidaire de l'ambulance vers l'hôpital Etendue sur la table d'opération poignets et chevilles retenus par des courroies de cuir on m'ouvre le genou d'un coup de lancette — douleur atroce plaie giclante — la pénétration du bistouri dans les cartilages le grattement du scalpel contre les os Papa est mort papa est mort papa est mort Gaétane va mourir

42

III

VITALINE

« Sainte Marie mère de Dieu priez pour nous pé-
cheurs » — priez pour moi car j'ai péché j'ai sûrement
péché — Dieu m'a-t-il pardonné — Norbert qui est là qui
repose dans ce cercueil m'a-t-il pardonné — Mon Dieu
faites qu'il m'ait pardonné faites qu'il soit mort sans m'en
vouloir — Donnez-moi un signe une indication — (Mais
comment saurai-je jamais — maintenant qu'il est mort —
ce que Norbert pensait de moi alors que même de son
vivant je n'y parvenais pas) — Mais était-il encore vivant
était-ce encore Norbert (mon mari) ce vieillard squelettique
à la respiration rauque à la langue pâteuse qui ne m'adres-
sait presque jamais la parole sauf pour ses besoins physiques
et même alors préférant demander à Gaétane à Anita —
Pourquoi Seigneur pourquoi — Pourtant je l'ai soigné je
le soignais de mon mieux — Mon Dieu vous savez que
j'ai fait tout mon possible (ces derniers temps du moins)
et que ce n'était pas facile car Norbert m'appelait cinquante
fois par jour « Vitaline voudrais-tu replacer mon oreiller
Vitaline regarde donc si le drap a des plis » m'appelait

43

la nuit pour réclamer son bassin pour demander de l'eau   Sa gorge sèche son haleine fétide son dos escarrifié   N'y plus penser   penser à autre chose   prier oui prier avec les autres pour le repos de son âme le soulager au moins de cette façon   « Donnez-nous aujourd'hui notre pain quotidien pardonnez-nous nos »
Non il faut dire « Donne-nous aujourd'hui notre pain de ce jour »   (Je ne m'y habituerai jamais je ne m'habituerai jamais à tutoyer Dieu)   Pourquoi veut-on tout chambarder même à l'église   pourquoi cette manie du changement cette soif de réformes comme si l'Eglise n'était plus sacrée comme si la volonté de Dieu n'était pas immuable je ne m'y habituerai jamais je suis trop vieille   Mais non Vitaline tu n'es pas vieille à peine cinquante-huit ans ce n'est pas vieux   C'est l'habitude de vivre avec un vieillard qui a faussé ton jugement   Sa voix cassée traînante « Vitaline à notre âge   tu sais cela n'est plus de notre âge Vitaline » (que Dieu ait pitié de son âme)
Comme s'il n'avait pas eu quinze ans de plus que moi
Moi je ne disais rien (à quoi bon) mais ça devait me vieillir quand même peu à peu insidieusement   Norbert disait peut-être ça il devait dire ça sans malice mais sait-on jamais (que Dieu ait pitié de son âme je ne lui en veux pas bien au contraire je ne lui souhaite que du bien Mon Dieu épargnez-lui les flammes du purgatoire)
Je n'ai rien épargné je n'épargnerai rien pour ses funérailles   cercueil de chêne service de première classe personne ne pourra dire que j'ai lésiné que je n'ai pas offert à Norbert ce qu'il y avait de mieux   Il aurait même trouvé ça extravagant sans doute — que Dieu ait pitié de son âme — ce luxueux salon ces trois énormes couronnes de fleurs   il avait des goûts modestes il

44

avait beaucoup de bonnes qualités   Mon Dieu recevez-le
dans votre paradis faites qu'il soit heureux bienheureux
Avec moi il ne l'a pas toujours été — tension malaise —
Faire mon devoir maintenant tout mon devoir au moins
maintenant prier pour le repos de son âme parler en
bien de lui auprès des étrangers (oui mais surtout) auprès
de nos enfants de ses enfants Roch Anita Berthe Julien
Gaétane qui sont tous ici sauf Julien — douleur écrasement — Que lui ai-je fait qu'est-ce que Norbert lui avait
fait   Mon Dieu faites que je comprenne pourquoi mon
Julien est parti pour que je puisse l'aider le secourir
Adolescence prolongée crise de croissance fixation ré-
gression qu'est-ce que ça veut dire quel jargon quelle
salade nous servent les médecins les psychologues   Vide
affreux Julien chair de ma chair   Qu'est-ce que ça veut
dire nationalisme socialisme séparatisme droit à l'autodé-
termination damnés de la terre nègres blancs levez-vous
qu'est-ce que ça veut dire   Seigneur vous le savez j'ai
élevé Julien comme les autres   Peut-être même avec plus
de tendresse de joie de fierté   Lui si docile si mignon jadis
si brillant naguère si élégant si parfait gentleman   Et
maintenant   maintenant hantant les bars les bistrots
du centre-ville en compagnie d'une bande de voyous en
compagnie surtout de cette affreuse Flamande   Qu'est-ce
qu'il lui trouve à cette Sophie je me le demande à cette
affreuse fille avec sa face plate son nez épaté son pantalon
crasseux ses cheveux raides comme des cordes   Il va
le regretter ah comme il va le regretter   Quand va-t-il
se rendre compte que la famille au fond il n'y a que ça
pour réchauffer ragaillardir trouver un peu de calme de
sécurité   Le foyer la famille seul port d'attache seule
vraie protection   Moi à son âge blottie chez nous petit

45

oiseau petite fille nid douillet à l'abri de toutes les intempéries de tous les dangers protégée par maman protégée surtout par papa homme puissant indestructible (que Dieu ait pitié de leurs âmes)   Si seulement Norbert avait eu un peu plus d'autorité un peu plus d'assurance   Avec les filles ça allait encore ça pouvait aller   Quand il leur demandait quelque chose d'habitude elles obéissaient   Mais les deux garçons   Roch une vraie mule se rebiffant s'obstinant disant non non non   Julien plus sinueux plus adroit biaisant argumentant ou faisant mine de ne pas comprendre et parvenant doucement à ses fins (comme ce garçon comme cet enfant était habile comme il était charmeur comme je l'ai adoré)   Mais Norbert s'y prenait souvent bien mal bougonnant marmonnant entre ses dents tournant le dos au lieu d'imposer son autorité (quelle différence avec papa)   Mais non je ne dois pas le juger maintenant   Qu'il repose en paix par la miséricorde de Dieu   Il n'avait pas mauvaise volonté il ne faisait pas exprès pour me vexer me contrarier c'était en somme un homme doux — tension rancœur — sauf au lit quand il s'agissait de son plaisir (mais pourquoi maintenant qu'il est mort revenir là-dessus Seigneur chassez loin de moi ces pensées)   Son front têtu son œil mauvais sa mâchoire contractée   non non   Qu'il repose en paix dans son cercueil   Epargnez-lui Seigneur de trop longs tourments en purgatoire (car il est sûrement en purgatoire)   Mais j'ai péché moi aussi Seigneur   Ne suis-je pas moi aussi responsable — crispation rancœur — Mais ces réveils en sursaut la nuit le cœur battant les nerfs crispés ses coudes me labourant les côtes le dos — rancœur colère — Dormait-il vraiment n'y avait-il pas au fond de lui un animal têtu rancunier qui la nuit relevait la tête sortait ses grif-

46

fes   Et les dernières fois ces pénibles interminables préliminaires cette laborieuse insertion non non   Ma crainte qu'il ne meure là sur le coup   « Tu devrais te ménager Norbert à ton âge tu sais » sa colère explosant comme une bombe ses injures — sensations abdominales — non non j'ai bien fait d'y mettre fin bien fait de prolonger sa vie en somme malgré lui   Seigneur vous savez que je ne lui en veux pas   il est mort   qu'il repose en paix — tristesse nostalgie — Vieux couple vieux conjoints aliénés l'un à l'autre couchant après tant d'années dans des lits dans des chambres séparés — doute   inquiétude — ne revenant jamais ni lui ni moi sur le sujet   lui trop fier sans doute pour insister ou bien sentant défaillir ses forces peut-être heureux au fond de ce prétexte   moi attendant qu'il en reparle pour consentir peut-être derechef sans doute (mais aurais-je consenti)   Seule désormais dans ma chambre dans mon lit me trouvant bien physiquement n'ayant ni trop chaud ni trop froid pouvant m'étendre tout mon saoul mais me réveillant souvent au milieu de la nuit pour me demander « N'ai-je pas été cruelle   si je retournais que ferait-il »   Veillant ainsi très souvent la moitié de la nuit dans l'obscurité n'entendant que le tic tac de la grande horloge de parquet et parfois le craquement du sommier dans l'autre chambre sentant malgré tout sa présence (rassurante)   La voix de maman   « Quand il y a un homme dans la maison les voleurs ne viennent pas » Que vais-je faire maintenant dans cette grande maison seule avec une Gaétane qui ne parle presque jamais (mais la nuit qu'est-ce que ça peut faire)   Le jour je garderai comme avant le petit Jacot (qu'est-ce que Berthe ferait sans moi   que ne fait-on pour ses enfants ses petits-enfants) le jour je garderai Jacot   Prisonnière dans ma propre mai-

son   mais ça vaut mieux sans doute que d'être seule même si
le petiot est souvent agaçant au possible agité comme un
écureuil bavard comme une pie ou bien boudant faisant
la gueule en silence   Oui Berthe me doit une fière
chandelle   Que ferait-elle sans moi depuis le départ d'Albert   — tirage à la manche —   « qu'est-ce
que »   « grand-maman j'ai envie je veux aller en bas »
(comme ce petit a besoin de moi   comme je lui suis
indispensable)   « oui mon petit »   Mais pourquoi Berthe
ne s'occupe-t-elle pas elle-même de Jacot au moins aujour-
d'hui   Ne puis-je avoir au moins quelques jours de répit
pour   « oui oui Jacot je viens »   Nous passons près de
Berthe et de son Roberto (pourquoi l'a-t-elle amené ici
mon Dieu faites qu'elle l'abandonne faites qu'elle rentre
dans le droit chemin)   elle nous lance un regard furtif
elle ne fait pas un mouvement pour se lever pour s'occuper
de Jacot   (moi à sa place je mourrais de honte) Mais
Jacot se mettrait peut-être à crier à rechigner   Comme
il m'aime ce petit comme il est attaché à moi (mon Dieu
faites qu'il ne m'abandonne pas faites qu'il ne devienne
pas comme Julien non non)   Larmes coulant le long
de mes joues (mais à demi cachées par la voilette) Mais
pour une fois (Seigneur ayez pitié de l'âme de Norbert)
pour une fois je peux sans respect humain pleurer en
public moi maintenant veuve (maintenant seule) mais faisant toujours mon devoir conduisant par la main mon
petit-fils orphelin (de père) — ou tout comme — Peut-être
eût-il mieux valu pour le petit (Seigneur pardonnez-moi)
peut-être eût-il mieux valu qu'Albert meure plutôt que
de prendre la poudre d'escampette (mais n'avais-je pas
dans le temps dit et redit à Berthe   « Berthe Albert n'est
pas un homme pour toi » mais allez donc dire quelque

48

chose à une mule)   Peut-être vaudrait-il mieux aussi que
Julien soit mort avant de   (Non non Seigneur ne tenez
pas compte de cette pensée elle m'est venu malgré moi
oubliez-le oubliez-la)   Seigneur protégez mon Julien don-
nez-lui la santé jusqu'à ce qu'il revienne dans le droit
chemin   Comme j'étais heureuse autrefois (malgré tout)
quand il était petit et que je le tenais par la main comme
je tiens aujourd'hui Jacot   Seigneur accordez-moi cette
grâce faites que Julien change d'idée faites qu'il vienne
aujourd'hui au salon mortuaire et demain aux funérailles
faites qu'il oublie pour une fois la contestation la révolution
les assemblées socialistes fascistes maoïstes séparatistes
qu'est-ce que ça veut dire toute cette salade qui est-ce qui
lui a mis dans la tête toutes ces chimères ((détruire cette
affreuse Belge cette traînée au nom barbare la jeter en
prison qu'elle croupisse au fond d'un cachot infesté de
rats))   La voix molle de Julien au bout du fil intonation
devenue vulgaire (entendue au deuxième appareil alors
qu'il parlait à Gaétane)   « Je peux pas aller au Salon
aujourd'hui j'ai un meeting »   Larmes glissant le long
de mes joues et que pour une fois je ne suis pas obligée
de cacher   « Voyons Jacot cesse de tirer veux-tu me
faire tomber dans l'escalier »   Pourvu qu'il ne se mouille
pas avant que nous arrivions   Ce serait le comble   ce
serait pour le coup que j'irais chercher Berthe et que
je lui dirais   « Va t'occuper de ton garçon ma fille   Lâche
un peu ton corsaire et va décrotter ton mioche »   Mais
non elle se buterait davantage   têtue comme cent mules
elle se collerait davantage à son Italien à son corsaire
((le détruire le déporter menottes aux poignets dans son
Italie pouilleuse))   « Oui oui mon petit nous arrivons »
    Ce salon funéraire a vraiment fière allure   ce large

escalier couvert d'un mœlleux tapis gris ces rampes en fer forgé aux feuilles d'érable plaquées d'or   Et cette salle des dames avec sa vanité style colonial sa glace aux rosettes lumineuses   Je n'ai pas lésiné sur la dépense   La parenté les voisins en auront pleins les yeux   « Confort et distinction madame »   Un homme bien cet entrepreneur un homme distingué   « Faites le nécessaire Monsieur Lacoste »   Personne ne pourra trouver à redire   « Confort et distinction »   (« Ote donc tes mains Jacot   Là ça y est   Sois sage   Grand-maman reviendra dans quelques minutes ») — Soulagement et lassitude — Je m'assieds dans le coin sur ce tabouret de fer émaillé j'appuie ma tête contre le mur de tuile   — Calme et repos — Bourdonnement lointain à peine perpectible du chapelet me parvenant depuis le Salon   Sous la porte des W. C. je vois les petites jambes de Jacot qui se balancent lentement   Répit tranquillité sentiment du devoir accompli   Un homme gentil courtois ce directeur de funérailles   Tous des voleurs naturellement des menteurs (« Monsieur Barré devait avoir au moins vingt-cinq ans de plus que vous n'est-ce pas »)   Tous des escrocs profitant de la douleur des gens pour les exploiter   Mais ce n'est pas la première fois qu'on me dit que j'ai l'air jeune   non non (Seigneur pardonnez-moi   est-il convenable de penser à ces choses alors que Norbert repose là-haut dans son cercueil   Seigneur pardonnez-moi) Jambes de Jacot maintenant immobiles   Voilà que peu à peu m'envahit la somnolence sur ce tabouret pourtant dur la tête appuyée contre la tuile   Personne ne pourra dire que j'aie rien épargné pour les funérailles de Norbert   Veuve éplorée le visage couvert d'un voile opaque le dos de la main appuyé sur le front et susurrant

d'une voix plaintive « faites le nécessaire Monsieur Lacoste mais laissez-moi maintenant je vous en prie »   le directeur faisant un mouvement de retrait se ravisant « je m'excuse madame un renseignement indispensable pour les faire-part   est-ce votre père ou votre époux qui est décédé » — sursaut réveil confus — Comme je me sens jeune malgré tout (malgré la fatigue de ces dernières semaines de ces derniers jours) jeune et vivante (ces bouffées de chaleur ces sensations dans le bas ventre)   Seigneur pardonnez-moi faites que je pense à autre chose assise sur ce tabouret émaillé la tête contre ce mur froid glissant dans le demi-sommeil antiques sensations frémissements lointains
Une broderie à la main   immobile   comme je me sens bien   enfoncée dans le profond fauteuil grenat près de la fenêtre du vivoir en attendant la visite quotidienne de Jérôme Lazure — petits frissons d'expectative — je regarde l'heure tout en entendant le froissement du journal dont papa tourne à intervalles réguliers les pages   son air de concentration l'épaisseur de ses sourcils la monture d'écaille de ses lunettes   homme solide et puissant et sévère mais qui aime qui chérit sa petite Vitaline de dix-sept de dix-huit ans qui attend Jérôme — petits frissons — près de la fenêtre dans le fauteuil profond aux larges bras solides et puissants sous l'œil de son père qui lit le journal dont le froissement propage dans l'atmosphère de puissants petits frissons pendant que maman dans la cuisine circule à pas de loup prenant garde prenant bien garde que le choc des assiettes le cliquetis des ustensiles ne dérangent la lecture de papa dont la pipe en écume de mer émet de si puissantes bouffées — dilatations frémissements de mes narines qui aspirent absorbent l'odeur pénétrante   Choc sourd coup de bélier dans la poitrine sac à main sur le

51

terrazzo — Réveille réveille-toi Vitaline vieille femme radoteuse en éternel retour d'âge en éternel recommencement   Mais maintenant veuve est-ce possible (non pas veuve de Jérôme Lazure « il est trop jeune disait maman il n'est pas assez solide on n'épouse pas un enfant ton père et moi nous avons quinze ans de différence ») veuve non pas de Jérôme Lazure mais de Norbert Barré qui repose là-haut dans son cercueil   Et moi je suis ici assise sur ce tabouret émaillé dans ce salon des dames   grand-mère attendant son petit-fils Jacot (dont j'entrevois sous la porte les jambes qui se balancent puis s'arrêtent puis se rebalancent)   Jacot n'existerait pas — vertige — et moi-même que serais-je où serais-je si j'avais voilà trente-sept ans épousé Jérôme Lazure (qu'est-il devenu lui-même a-t-il fait son droit comme il le voulait)   Mais j'ai été une épouse fidèle j'ai aimé aussi Norbert d'une certaine façon j'aimais certainement Norbert plus vieux plus solide (que Jérôme) donnant l'impression d'être déjà établi   La voix de maman « Jérôme est un jeune homme gentil mais ce n'est qu'un tout jeune homme »   (toujours pressé toujours à la course   ne m'accordant qu'un petit quart d'heure par ci par là non non)   Norbert Barré homme mur solide déjà établi me comblant de cadeaux de gâteries (moi petite reine centre du monde) homme fiable et ponctuel arrivant régulièrement trois fois par semaine à la maison vers les huit heures causant toujours d'abord avec maman avec papa parfois longuement très longuement   parfois — crispation appréhension — contredisant papa (mains suspendue tenant l'aiguille au-dessus de ma broderie) sur une question de politique   Norbert homme solide puissant audacieux
Après une pause un hochement de tête la conversation entre les deux hommes reprenait d'un ton calme comme si de

rien n'était   les points de ma broderie reprenaient leur
rythme le dessin peu à peu se précisait se coloriait remplis-
sait le tambour   brodeuse antique centre du monde sage
princesse parlant peu dans le salon du roi son père se levant
doucement vers le milieu de la soirée (doucement silencieusement pendant que les yeux des deux hommes — du roi
son père et du prince son soupirant — suivaient ses mou-
vements discrets ses gestes gracieux) vers le milieu de la
soirée pour servir la collation que la reine sa mère avait
soigneusement préparée et que Norbert mangeait de si
bon appétit Toujours bien mis vêtu avec élégance et
sobriété comme il convient à un agent d'assurances col
empesé large cravate maintenue par un pince-cravate doré
plis du pantalon impeccables   Peu à peu l'idée du
mariage après un certain temps de fréquentation faisait
son chemin maman si calme d'ordinaire si effacée se
trouvant soudain en proie à une étrange exaltation comme
si c'était elle qui devait se marier elle d'ordinaire si discrète
si pudibonde me comblant m'accablant de conseils de
suggestions   « Une fois mariée si tu veux garder ton
mari ma fille ne te refuse jamais à lui » —crispation dard
au cœur — Mon Dieu épargnez à Norbert les souffrances
du purgatoire   recevez-le tout de suite en votre paradis
faites qu'il n'ait contre moi gardé nulle rancune
Maman entrant dans ma chambre le soir et me glissant
à l'oreille (un peu confuse un peu rougissante) « Moi
tu sais ma fille dans mes devoirs d'épouse envers ton
père jamais je ne me suis dérobée » ((atroce vision
tourbillonnante)) j'aurais voulu me boucher les oreilles m'enfuir à toutes jambes lui crier « Taisez-vous mais taisez-vous
donc »   Après le mariage après le voyage de noces
maman venant chez moi dans mon logement à moi dans

mon foyer à moi (quel étrange instinct quelle malsaine
curiosité la poussaient non non) maman venant chez moi
jour après jour et me posant d'incessantes d'horripilantes
questions   j'aurais voulu m'enfuir me boucher les oreilles
la mettre à la porte — méfiance désunion — Mais comment
ensuite plus tard ne pas l'accueillir après la mort de papa
alors qu'elle était si perdue si désemparée ((ah   je m'en
fiche   qu'elle donne si elle veut toutes sortes de caprices
à Norbert et qu'elle tourne vieille femme ridicule autour
de lui)) comment ne pas l'accueillir chez moi après la
mort de papa   Après la mort de papa moi-même plongée
dans un état torpide   incapable de prendre soin de la
petite Berthe — malaise tension — est-il étonnant (mon
Dieu pardonnez-moi) que Berthe soit devenue si obstinée
si rebelle   et aujourd'hui (si malheureuse) veuve à l'herbe
s'accrochant comme une naufragée à ce louche Italien
(mon Dieu ayez pitié d'elle   protégez-la   faites qu'elle
revienne dans le droit chemin) Mais Julien alors — crispation dard au cœur — mon petit Julien que j'ai toujours
soigné caressé dorloté pourquoi s'est-il collé à cette horrible
Flamande crasseuse pourquoi erre-t-il dans les bas-fonds
de la ville (mon Dieu faites qu'il s'amende faites qu'il me
revienne)   second fils si intensément souhaité (mais pourquoi) après la mort de papa   mais étais-je prête à l'accueillir dans cette maison peuplée d'êtres sans consistance
(dont il aurait fallu que je m'occupe)   était-ce moi ce
fantôme orphelin qui errait dans la cuisine (ma cuisine à
moi) où maman accomplissait les gestes de jadis   épouse
sans âme mais enfin non crispée (au lit) laissant enfin sans
résistance Norbert accomplir en elle son incompréhensible
(mais inoffensif) va-et-vient   bielle glissant enfin sans
trop de mal dans un distant cylindre   j'entendais indifféren-

te de très loin la rauque geignante respiration de Norbert comment aurais-je pu me réintégrer me rebrancher regagner la plaine polarisée de l'existence sans la germination obscure (dans les profondeurs de mon ventre) de celui qui allait devenir Julien   comment des rêves me seraient-ils nés de nouveau sans la croissance à même moi sans la naissance mienne d'un Julien (fabuleux petit enfant de sexe mâle) — mon Dieu mon Dieu merci c'est vous qui me l'avez donné — ((enfantelet transcendant dont les vagissements apaisaient réanimaient dans l'outre-tombe une immense et fantômatique figure))   — Sursaut redressement de tête —   Vieille femme de noir vêtue tu es assise sur un trépied d'émail dans une hypogée fantastique tu pleures dans le passé la figure filiale anéantie de Julien et tu supportes le poids écrasant de l'impossible rédemption
Tu as même abandonné l'époux gisant là-haut dans son coffre de chêne pour venir te terrer dans ce tiède enclos aux murs blanchâtres où deux globes crémeux diffusent une louche lumière ((engourdissement paupières lourdes glissant sur la vitreuse conjonctive œil insensiblement chavirant dans la ténèbre grouillante dans la ténèbre menaçante et s'ouvrant derechef hagard de frayeur))
     Jambes de Jacot coupées sous le genou par la blancheur émaillée de la porte   jambes maigres se balançant s'agitant   ne devrais-je pas me lever le sortir de là n'est-ce pas mon devoir de le soustraire à ces longues séances (mais si jeune mon Dieu est-il possible qu'il vous offense) — doute crispation — La voix de maman   « Si jamais je te rattrape » voix hystérique et féroce de maman d'ordinaire si douce si tendre ((voix sauvage et détestée non non))   Joachim et moi dans la remise derrière la maison ((pourquoi Dieu met-il en nous cette curiosité ces

55

tendances qui lui déplaisent   que veut-il qu'attend-il de
nous   non non)) deux enfants innocents (ne l'étions-nous
pas) un petiot une petiote tout nouveaux au monde juste en
train de s'éveiller au monde   quoi de plus naturel que de
vouloir se regarder explorer (mon Dieu pardonnez-moi ce
doute affreux) Maman bondissant sur nous comme la foudre
sorcière déchaînée hurlante   je tremble je pleure les
sanglots m'étouffent les gifles les taloches pleuvent pétara-
dent je veux mourir m'enfoncer dans la terre frapper
maman la détruire   « Petits malpropres petits dépravés »
Secoués par les cheveux précipités catapultés chacun dans
un coin   désespoir panique abîme béant sous moi   c'est
la mort je vais mourir   « Si vous avez le malheur de
tourner la tête »   le bruit sec des coups de règle sur la
peau de Joachim ses cris déchirants   ensuite ce sera
mon tour   noirceur anéantissement   Joachim mort
pour de vrai maintenant   mort comme maman comme papa
comme Norbert   Joachim mon frère   pourquoi ce
châtiment Seigneur (mais fut-ce un châtiment) pourquoi
ce corps en charpie cet amas de chair saignante sous les
roues d'une locomotive   Fut-ce une punition Seigneur
est-ce un si grand crime de s'enivrer comme le faisait
Joachim (mais pouvait-il faire autrement — ses yeux tristes
son visage tiraillé de tics quand il venait me voir les
dernières années) est-ce un crime irrémédiable   Seigneur
pardonnez à Joachim même s'il est mort ivre sous un
monstre de fer   faites qu'il ait eu le temps d'élever
vers vous son esprit   pardonnez pardonnez-lui Seigneur
j'ai pardonné à maman — crispation et terreur (lui ai-je
vraiment pardonné petiote frémissante voulant m'enfoncer
dans l'encoignure entendant la sèche assourdissante détonnation de la règle sur la peau de Joachim   Joachim

était si doux si gentil   ai-je vraiment pardonné à maman) — crispation et terreur —   Et Norbert m'a-t-il pardonné à moi   n'a-t-il pas emporté contre moi dans son cercueil sa rancune et sa rancœur   « Tu vas regretter ça Vitaline remarque bien ce que je te dis tu vas le regretter »   Pourquoi après trente-deux ans de vie commune (Seigneur ayez pitié de moi   faites qu'il ne soit pas damné à cause de moi non non) pourquoi me suis-je soudain refusée à lui   Etait-ce si dur (pour dix minutes un quart d'heure) était-ce si horripilant de supporter son poids (mais sa respiration râpeuse son odeur rancie non non) dix ou quinze minutes (méchante épouse méchante chrétienne) était-ce si insupportable (la voix du vieux curé Choquette   « pour les hommes ma fille c'est un besoin comme le boire et le manger »)   une dizaine une quinzaine de minutes ensuite il s'arrêtait il se tournait sur le dos dormait ronflait n'aurais-je pas dû une couple d'années encore patienter   ensuite sûrement il n'aurait plus été capable il n'aurait plus essayé   Mais moi je ne dormais pas je ne ronflais pas (mais pourquoi repenser à tout ça pourquoi ressasser ça mon Dieu) je restais là sur le dos pendant des heures à lui en vouloir à sentir en moi se condenser une rancune à chacune de ses inspirations ronflantes de ses expirations sifflantes à sentir palpiter ma colère mon désir de vengeance   Seigneur pardonnez-moi faites que je sois sauvée malgré tout   Etait-ce vraiment de ma faute toutes ces pensées méchantes (et à qui eussé-je pu me confier à qui demander conseil et direction après la mort du vieux curé Choquette)   Etait-ce moi cette femme inquiète et solitaire appréhendant chaque soir le retour de son mari était-ce moi cette mère harassée par

57

l'incessante présence de trois enfants (les entêtements de Roch la passivité d'Anita les rages de Berthe) Comme tout cela est loin Seigneur comme tout cela est près   Comme je revois soudain avec clarté la maigre figure d'Aurélie Trépanier ((son mari revu là-haut tout à l'heure non non)) Aurélie Trépanier (son front soucieux ses cheveux en désordre ses lèvres toujours en mouvement) qui me rendait visite tous les après-midi en retournant de l'église et qui me racontait sur son mari de si épouvantables histoires   (Mais je devrais remonter là-haut sans tarder dire à Jacot de sortir   Que vont dire les prieurs au corps si je m'absente trop longtemps)   « Trois ou quatre fois par nuit Mame Barré » (le corps fluet d'Aurélie ses lèvres minces son air de chien battu) « il arrache les couvertures il se jette sur moi comme une bête féroce j'ai à peine le temps d'ouvrir la bouche »   Pourquoi écoutais-je jour après jour les histoires d'Aurélie (qui exagérait sûrement qui inventait peut-être) mais à qui son mari inspirait une crainte   affreuse   « Je peux pas j'ose pas bouger Mame Barré il m'empoigne aux cheveux »   Eugène Trépanier petit homme trapu aux jambes arquées à la barbe noire comme de l'encre (Seigneur pardonnez-moi   comme j'ai détesté cet homme) il était là-haut tout à l'heure assis à gauche du cercueil je le regardais à travers mon voile   il n'a guère changé malgré les années (ses yeux d'oiseau de proie son front bas son menton en galoche) à travers mon voile durant le chapelet   ((Au milieu de la nuit d'un geste brutal il arrache les couvertures les draps il allume la lampe de chevet l'œil fou le sexe énorme érigé comme une dague   A peine éveillée sans un mot de protestation sans un mouvement de recul Aurélie doit ouvrir la bouche)) — bouffée de chaleur aspiration profonde — Comme je me sens lourde Seigneur comme je me sens lasse aurai-je la force de retourner là-haut dans ce salon plein de monde d'y traîner de nouveau Jacot de recommencer à serrer des mains (d'aller saluer Monsieur Trépanier qui s'entendait si bien autrefois avec Norbert)   Je les revois tous deux ils causaient souvent ensemble au crépuscule l'été dans notre jardin je revois Norbert dans sa vieille veste de laine reprisée les deux mains appuyées sur le manche de sa gratte la figure à peine un peu ridée je n'étais pas malheureuse j'étais en somme assez heureuse (papa était encore vivant il travaillait toujours il me semblait éternel)   Norbert appuyé sur sa gratte avec sa vieille veste brune son chapeau de paille bosselé qu'il portait même le soir après le coucher du soleil   Monsieur Trépanier planté devant lui les jambes arquées écartées comme s'il n'avait pu les ramener ensemble (à cause de la grosseur de — non non)   Il faut que je me secoue il est grand temps il faut que je fasse sortir des cabinets Jacot dont je vois immobiles les jambes un peu arquées au-dessous de la porte   pourquoi prend-il toujours tant de temps (mais il est sûrement trop jeune pour faire le mal pour être responsable)   De quoi Norbert et Monsieur Trépanier pouvaient bien tant parler à la brunante dans le jardin Norbert appuyé sur sa gratte Trépanier planté devant lui jambes arquées écartées   parlaient-ils de nous (d'Aurélie et de moi de leurs relations conjugales non non)   Après avoir couché les enfants (Anita Roch et Berthe) je regardais j'observais Eugène Trépanier à travers le rideau de ma fenêtre il avait pourtant l'air paisible l'air normal   il était toujours poli avec moi toujours impeccable   Mais quand il me voyait venir (planté là dans le jardin jambes écartées à côté de Norbert)

59

il interrompait longtemps d'avance son discours il me fixait d'un drôle d'œil transperçant — malaise sensations étranges (non non) — Mais pourquoi allais-je si souvent les rejoindre — paupières de plomb fatigue écrasante (il me faudrait tout de suite retourner là-haut autrement je vais me rassoupir) — Pourquoi moi si souvent au jardin le soir (espoir de saisir certaines paroles certaines confidences)   son drôle d'œil transparent   impression en m'approchant (transpercée par son œil) de ne pas marcher droit   Mon Dieu faites que Monsieur Trépanier soit parti quand je retournerai au salon là-haut avec le petit

Mais au fond rien ne presse   le petit est tranquille il est trop jeune pour faire le mal (ses petites jambes sont immobiles depuis longtemps se serait-il assoupi comme moi tout à l'heure comme moi presque encore maintenant)   Si Monsieur Trépanier est encore au salon je me contenterai d'incliner vers lui la tête sans un mot le visage caché par ma voilette (Et si Aurélie avait menti si elle avait inventé toutes ces histoires)   Quand je remonterai je donnerai la main à Monsieur Trépanier je le remercierai d'être venu   Ce fut un bon voisin toujours prêt à rendre service et habile de ses mains comme pas un   Combien de fois n'est-il pas venu à la maison aider Norbert ce pauvre Norbert si maladroit mais qu'est-ce que ça peut faire maintenant   Lointains souvenirs pauvre mémoire intermittente   Norbert est mort   morte Aurélie

Méconnaissable frappée par l'hémiplégie   étendue sur le dos   transformée au moral comme au physique   parlant peu (d'une voix pâteuse et monotone) et jamais plus de choses sexuelles (même plus tard quand elle put de nouveau s'asseoir puis faire quelques pas) parlant surtout du nouveau curé Crachin (d'une douceur d'une bonté irrésistibles) qui

venait si pieusement si saintement lui porter deux fois
par semaine la communion   moi bonne voisine me rendant tous les après-midis au chevet d'Aurélie pour lui préparer le thé pour effectuer de légers travaux de ménage jusqu'à
l'arrivée d'Eugène Trépanier   Il entrait dans la chambre
à grandes enjambées — malaise tension — il s'arrêtait près
du lit (mains au dos jambes écartées non non) regardant
à peine Aurélie (dont le regard instantanément devenait
vague) il me transperçait de ses yeux perçants je me levais
je m'affairais autour du lit nous parlions du temps de
Norbert des enfants je ramassais mon tricot ma broderie
nous parlions du médecin de la maladie d'Aurélie (comme
si elle eût été absente) je mettais mon tricot ma broderie
dans mon cabas je disais au revoir à Aurélie je me dirigeais
vers le vestibule   où Monsieur Trépanier me suivait pour
tenir mes effets tenir mon manteau   j'enfilais en vitesse
mon manteau car j'avais hâte de revoir mes enfants de
regagner mon foyer   Que faisait Eugène Trépanier la
nuit (car sûrement il ne touchait plus à Aurélie) comment
s'arrangeait-il sans femme (Dans les ruelles du quartier
entre chien et loup il erre l'œil à l'affût cherchant une
proie fillette sans défense adolescente à peine nubile sidé-
rée de peur muette en le voyant approcher   Au milieu
de la nuit il s'éveille en sursaut le corps couvert de sueur
son sexe tumescent à la main il se lève il s'habille en
silence il gagne sur la pointe des pieds la porte arrière
celle qui donne sur notre jardin à haie mitoyenne il
s'avance vers notre maison   non non) Seigneur délivrez-
moi de ces craintes de ces visions malsaines involontaires
je suis en sécurité dans ma maison toutes portes closes
fenêtres verrouillées je suis dans mon lit je suis chez
moi je dors auprès de mon époux   mais ai-je vraiment

poussé la targette de la fenêtre arrière   vraiment tourné
la clef de la porte latérale   au milieu de la nuit je me
réveille en sueur le cœur palpitant j'enfile ma robe de
chambre en tapinois je sors de la chambre non non   Je
suis dans ma chambre toute seule dans mon lit toute
seule bien au chaud étendue sur le dos papa et maman
sont dans la chambre voisine chacun dans son lit jumeau
j'entends papa qui se lève ses pas puissants qui font
craquer le parquet il se dirige de ce côté — respiration
accélérée — il se dirige vers la salle de bains   j'allume
ma lampe de chevet je prends un livre   peut-être en
revenant des W. C. papa en voyant filtrer sous ma porte
la lumière peut-être va-t-il venir voir pourquoi je ne dors
pas peut-être même — il m'aime il me protège il veut
mon bien — peut-être même va-t-il me gronder — petits
frissons petits tremblements — peut-être va-t-il me dire de sa
voix grave de sa voix sévère « Taline ne lis pas ainsi
la nuit tu vas t'abîmer les yeux »   Demain quand il
se préparera à partir pour sa tournée d'inspection je serai
assise au salon dans le fauteuil grenat près de la porte
prétendant étudier   un livre de classe sur les genoux
l'oreille aux aguets tâchant de deviner par le bruit de ses
pas à l'étage s'il va bientôt descendre   surveillant la
pendule les nerfs crispés épiant les allées et venues de
maman dans la cuisine (de peur qu'elle ne gagne avant
moi le vestibule lorsqu'il descendra) puis enfin enfin quand
retentiront puissamment sur les marches geignantes les
pas lourds de papa je me précipiterai dans le vestibule je
saisirai l'énorme paletot de chat sauvage   tous muscles
tendus frémissante au seuil de la douleur je le soulèverai
au bout de mes bras pour papa pour papa pendant que

les longs poils raides me balaieront me piqueront la figure
(frissons spasmes non non)

   Redressement secouement de tête   où suis-je
engourdissement paupières lourdes   que fais-je ici sur ce
dur tabouret dans ces cabinets funéraires   sous la porte
oscillent les maigres jambes de Jacot mon petit-fils — paupières de plomb inclinaison de tête — Papa est mort depuis
longtemps oh si longtemps et maintenant Norbert repose
là-haut dans son cercueil de chêne   Comment Gaétane
(si délicate si fragile) va-t-elle supporter cette perte (j'avais
son âge lorsque je me précipitais vers le vestibule pour
tenir pour soulever tous muscles bandés le paletot de chat
sauvage non non) Gaétane n'a-t-elle pas trop aimé son
père (mais peut-on trop aimer son père) n'a-t-elle pas été
jalouse de moi non non   Mais quel regard dur (c'est de
Jacot qu'elle est jalouse) quel regard hostile elle nous
a jeté quand nous sommes (Jacot et moi) passés près
d'elle là-haut   Pauvre petite ne l'ai-je pas autrefois
traitée trop durement lorsque je lui ai dit « Ne saute
pas comme ça au cou de ton père quand il arrive   Ne
te serre pas contre lui cela ne se fait pas   Tu es maintenant
une grande fille »   Depuis ce jour-là ne m'en a-t-elle
pas voulu (et maintenant il me faudra vivre seule avec
elle dans notre grande maison)   Mais quelle raison aurait-
elle au fond de m'en vouloir   Dieu sait que je n'ai jamais
été jalouse de Norbert   Même quand il faisait la roue
autour de cette jeune veuve aux dents de jument (comment
s'appelait-elle)   elle avait une poitrine énorme deux ballons
démesurés qui dansotaient à chaque pas   pauvre Norbert
à quarante-cinq cinquante ans les hommes deviennent fous
c'est bien connu (que Dieu ait pitié de son âme)   Ma
poitrine à l'époque était autrement bien galbée ferme solide

(en dépit de mes trois grossesses de mes trois allaitements) même à quarante ans elle était à peine tombante   Seigneur pardonnez-moi j'ai peut-être été vaine vaniteuse mais vous le savez je me suis toujours vêtue avec décence avec dignité je n'ai jamais porté de ces remontants de ces *falsies* que dénonçaient avant tant de véhémence durant les retraites vos porte-parole — malaise inquiétude — (il faudrait que je remonte là haut veuve éplorée faisant jusqu'au bout son pénible devoir il faudrait que j'aille serrer la main des nouveaux arrivants de Monsieur Trépanier qui fut toujours un si bon voisin) — engourdissement confusion — je n'ai jamais cherché Seigneur à émoustiller les hommes non non   Mais pourquoi dans cette chapelle grise de saint-François   ogivale   aux murs rugueux de béton pourquoi m'étais-je laissé entraîner par la pâle Aurélie à ce triduum franciscain   (« ça vaudra mieux Mame Barré que de passer nos soirées avec nos maris   c'est bien assez d'être obligées de les supporter la nuit) pourquoi à ce triduum qui ne me tentait pas mais qu'est-ce qui me tentait après la mort de papa   Vitaline désintégrée languissante côtoyant le royaume des ombres pourquoi dans cette chapelle austère en compagnie d'Aurélie (qui adorait qui détestait le prédicateur) pourquoi me suis-je rendue trois jours durant tôt le matin pour écouter la voix stridente du père Bonnault l'estomac vide et houleux la tête flottante (me demandant si j'étais encore enceinte mais qu'est-ce que ça pouvait me faire) ayant quand même eu la force de me coiffer de me maquiller pour la première fois depuis la mort de papa   Après la messe le jeûne la communion matinale — faiblesse nausée — le café bu la tranche de pain sec avalée (pénitence pénitence mes très chères sœurs) au sous-sol écrasant de la chapelle (je vous offre

Seigneur tous ces sacrifices pour le repos de l'âme de papa) le café le pain insipides péniblement avalés debout au milieu des murmures étouffés des retraitantes me retrouvant ensuite assise derechef dans cette chapelle grise de béton rugueux écoutant la voix d'abord monotone et comme accablée du père Bonnault   « Je vais vous parler aujourd'hui mes très chères sœurs d'une mode néfaste qui se répand de plus en plus et qui menace de précipiter bien des chrétiennes dans les flammes éternelles »   — Pause suspensive   interminable (coup de coude d'Aurélie) Voix soudain tonnante foudroyante distendant la poitrine suspendant le souffle « LE MAQUILLAGE » (coup de coude lointain d'une étrangère)   D'un ton plus bas navré navrant accablé accablant   « Le maquillage mes très chères sœurs »   les bras démesurés de sémaphore solennellement en processus de reploiement et soudain surgi au bout d'une main vengeresse projetée en avant un gigantesque bâton de rouge   Mes lèvres brûlantes scandaleusement écarlates   Oui je les peinturelure ainsi pour attiser le regard des hommes   Voix plaintive éplorée du père Bonnault   « Il y en a parmi vous hélas mes sœurs qui sourient qui ricanent »   Non ce n'était pas l'imagination du père Bonnault (saint homme prêtre ascétique) Ce bâton de rouge sa forme son mouvement de va-et-vient sortant de la douille rentrant dans la douille oui oui l'organe mâle frottant des lèvres gonflées projetées en avant empourprées par l'affux sanguin   Seigneur miséricorde soyez clément   « Et il y a mes très chères sœurs de plus en plus de femmes censément honnêtes épouses mères de famille qui sortent en public cet instrument sous les yeux concupiscents des hommes »   Je meurs de honte irrémédiablement condamnée   combien d'hommes

ai-je précipités dans les flammes éternelles au restaurant aux parties de cartes   grimaçante devant ma petite glace agitant projetant mes lèvres sachant (moi épouse mère de famille) oui souhaitant que des hommes m'observent me dévorent des yeux   Tonnerre de la voix stridente transperçante je veux rentrer sous terre m'anéantir (danger cataclysmique de bras érectiles démesurés de crucifié obliquement distendus de part et d'autre de la chaire hexagonale)   En tapinois furtivement j'ouvre sans bruit mon sac saisis mon mouchoir le porte à mes lèvres frotte frotte jusqu'à la douleur ((que ton sang coule femme damnée à la bouche rouge bordel *redlight* ampoule turgescente palpitant au fronton des portes des maisons faussement closes troupeau des mâles à la trogne bestiale et lubrique moi derrière la porte faussement close le visage collé au judas grillagé je leur lance des invites ordurières je gémis je halète les lèvres sanguinolentes culbutée sur mon grabat par un gorille à la voix stridente aux bras démesurés))
« Mettons-nous à genoux mes sœurs et implorons ensemble le Dieu de miséricorde »   Seigneur pardonnez-moi je suis innocente je suis une innocente fillette qui les bras obliquement tendus de part et d'autre d'un paletot de chat sauvage dit au revoir à son papa par un matin crispé d'hiver —   Soubresaut dépaysement sueur me couvrant le corps « grand-maman » « oui mon petit as-tu fini » « non » « tu veux que j'entre   as-tu besoin de moi » « non » « alors pourquoi m'as-tu appelée » « pour rien je voulais savoir si tu étais encore là » « oui   je suis toujours là mon petit »)   Pauvre petit qui a peur d'être seul qui a besoin de sentir près de lui une présence même invisible pour se rassurer se sécuriser   Mais moi aussi je suis je serai seule   veuve et seule dans cette grande

maison de neuf pièces   avec une Gaétane perdue dans
ses rêveries ses préoccupations d'adolescente   n'échangeant
avec elle que de rares superficielles remarques   attendant
espérant en vain de Julien une visite un coup de fil un
signe de vie   Mon Dieu vous m'avez punie vous me
punissez   je me soumets je le mérite (mais ne pourriez-
vous pas Seigneur m'accorder un répit ramener bien vite
Julien dans le droit chemin   ne pourriez-vous pas avoir
pitié de moi) — angoisse écrasement —   Mais toi Vitaline Barré as-tu eu pitié de ton époux de sa solitude
Profitant de sa faiblesse de sa maladie (dégénérescence des
tissus progressive obstruction des artères prémonition de
la mort qui planait sur lui) n'as-tu pas (mauvaise épouse
femme réprouvée) n'as-tu pas tout fait pour l'éloigner de
toi pour l'accabler d'un sentiment de bassesse de culpabilité   compagne malicieuse et retorse n'as-tu pas pendant
des années à l'heure du coucher recouru à tous les trucs
tous les subterfuges pour te dérober à tes devoirs con-
jugaux (migraines lumbagos imaginaires pseudo-travaux
urgents stations interminables devant la vanité ou dans
la baignoire)   Comme tout cela paraît loin tout d'un
coup comme tout cela paraît irréel   m'en tiendrez-vous
encore rigueur aujourd'hui Seigneur et au jour du jugement   Mais les impatiences les marmonnements les
bouillonnements de Norbert étaient réels   ses colères ses
déchaînements éclatant après des semaines de pseudo-bonne
entente ses rages frénétiques et impuissantes (qu'il est ridicule
comme je le méprise cet homme faible incapable de se
maîtriser — papa il lui suffisait d'un froncement de sourcil
d'un tressaillement de sa moustache pour que nous devenions
maman et moi tremblantes et dociles comme des agnelles)
Mais ensuite Seigneur au cœur de la nuit au souvenir de

67

mes fautes des sueurs froides couvraient mon corps coupable
la peur de l'enfer au cœur sinistre de la nuit s'abattait sur
moi flammes éternelles grillant mes organes fourches rougies s'enfonçant dans mes chairs   Rigide tendue étendue
sur le dos au seuil des larmes sur l'extrême bord du
matelas au seuil de la révolte exaspérée (me lever l'accabler
d'injures lui cracher à la figure) luttant contre le sommeil
(gouffre mortel) contre l'involontaire roulement vers le
centre du lit suivi du coup de coude sournois et contu-
sionnant   mais je le mérite Seigneur je le mérite ((être
saisie enfin par les cheveux   draps arrachés pyjama
déchiré Eugène Trépanier se ruant sur Aurélie oui oui
non non))   Lâche et vile épouse (tous les autres faux-
fuyants épuisés) recourant (mais était-ce volontaire) pé-
riodiquement (lâchement) à la crise de larmes (sanglots
me secouant de la tête aux pieds   ébranlant le matelas
faisant geindre le lit)   je gagnais j'obtenais ainsi quelques
jours de répit (mais fallait-il appeler cela un répit)
Bourrelée d'inquiétude de remords je me disais Norbert
ne sera-t-il pas damné à cause de moi   il est là étendu
à côté de moi mais qui sait ((errant au crépuscule dans le
redlight hantant des clubs mal famés pénétrant dans des
maisons closes où des putains peinturées ouvrent leurs
cuisses pour quelques dollars non non))   A cause de
moi Norbert (qui repose là-haut dans son cercueil) se
tordant maintenant les bras dans les flammes éternelles
par ma faute par ma faute par ma très grande faute
non non intolérable pensée   La voix rassurante de
l'abbé Latour au sortir de la chambre agonique   « Soyez
sans craindre Madame Barré j'ai rarement vu un fidèle
se résigner à la volonté de Dieu avec autant de calme et de
douceur »   Merci mon Dieu merci des divines consolations

68

de votre sainte Eglise de vos ministres sacrés   La voix lénitive réconfortante du vieux curé Choquette (parvenant à mes oreilles à travers des milles et des milles de distance)   « Votre père était un homme de bien un chrétien exemplaire Vitaline »   Papa couché sur le dos le regard vitreux fixé au plafond sa corpulence gigantesque occupant puissamment le centre du grand lit ses genoux repliés transformant la courte-pointe en une montagne le vieux curé s'approchant avec les saintes huiles   Non non penser à autre chose penser à Norbert qui repose là-haut dans son cercueil   prier prier pour lui   Seigneur ne le laissez pas trop longtemps en purgatoire (« grand-maman tu es toujours là » « oui mon petit   as-tu fini » « non mais ça ne sera pas long » « alors dépêche-toi   autrement Berthe sera inquiète »)   Pauvre petit à demi orphelin maintenant   comme Gaétane comme Julien non non   J'avais pourtant dit à Berthe à propos de son Albert   « Berthe même si les hommes ont mille fois tort il ne faut pas les traiter comme des torchons »)   Pauvre petit Jacot (que ferait-il sans moi)   agité nerveux anxieux depuis le départ d'Albert   écorché vif par l'arrivée de cet Italien ce Roberto à face de pirate   Affamé comme tous les immigrants   s'imaginant peut-être que Berthe est riche qu'elle est veuve (mais il a peut-être lui-même laissé une femme et des enfants en Calabre en Sicile à Rome) alors voulant simplement s'amuser avec Berthe   Mon Dieu pardonnez à Berthe elle a comme perdu la tête depuis le départ d'Albert   jamais je n'aurais cru qu'elle avait à ce point besoin d'un homme   Mais alors pourquoi ne s'est-elle pas arrangée pour garder son Albert (je l'avais pourtant avertie « Ne le traite pas comme un paillasson on ne s'essuie pas les pieds sur un homme il finit par ruer dans les brancards ») — inquiétude malaise — Mais moi-même n'ai-je pas traité Norbert comme un torchon   ne lui ai-je pas dit « Norbert nous sommes trop vieux pour faire des cochonneries » — palpitations bouffée de chaleur — N'a-t-il pas emporté dans sa tombe contre moi une ineffaçable rancune   Seigneur ayez pitié de lui ayez pitié de moi épargnez-moi (conservez-moi pour le bien-être pour la sécurité de Jacot qui est innocent)   Bientôt dans quelques minutes ces palpitations vont se calmer   ces bouffées de chaleur (vestiges d'un autre âge) vont se retirer (je suis en bonne santé j'ai le cœur solide j'ai j'avais quinze ans de moins que Norbert) je vais très bientôt retourner au salon avec le petit (m'assurer qu'il est propre remonter son slip sa fermeture-éclair boucler sa petite ceinture) je vais retourner au salon (il ne sera pas dit que je n'ai pas jusqu'au bout fait mon devoir tout mon devoir)   Je vais serrer la main de Monsieur Trépanier (jambes arquées planté dans l'allée du jardin à côté de Norbert)   Que pouvaient-ils bien se dire soir après soir durant des heures   Lorsque Monsieur Trépanier me voyait venir il cessait de parler   sous son regard transperçant j'avais l'impression de marcher en zig-zag mais il était toujours poli gentil empressé avec moi mais la pauvre Aurélie même durant ses règles il   Non non Seigneur   penser à autre chose   Je me contenterai de le saluer de loin d'un simple signe de tête (mais fallait-il croire tout ce que me racontait Aurélie)   Moi jamais durant mes règles — je dois lui rendre cette justice — jamais Norbert ne m'a importunée (et ces coups de coude ces bourrades la nuit il n'en était pas responsable sûrement il me les donnait à son insu durant le sommeil) Comment ai-je pu (épouse réprouvée ayant promis soumis-

70

sion et tendresse) à cet époux à ce vieil homme doux souffreteux et sclérosique (aux portes de la mort) adresser ces vulgaires ces atroces paroles (« Norbert écoute à ton âge ces saloperies » non non non)   Moi soudain toute petite Vitaline tremblante et filiale devant l'auguste vieillard dressé près de moi (touffes de cheveux blancs cornes lumineuses jaillies d'un front biblique) pointant un index accusateur vers l'épouse indigne « Vitaline tu vas le regretter »   solennel prophétique   fustigeant la femme réprouvée   « Remarque bien mes paroles Vitaline tu vas t'en souvenir et tu vas le regretter »   Moi toute petite moi repentante et prête au pardon à la réconciliation oui oui   Vieil homme au caractère doux à la voix brisée chevrotante à l'organisme déjà miné par l'artériosclérose n'ayant plus que quelques années à vivre (Seigneur ayez pitié de moi)   Jamais plus le soir la nuit étendus côte à côte nous n'avons causé rêvassé ensemble côte à côte dans le grand lit aux colonnes torsadées jamais plus dans la pénombre vieux amis vieux routiers détendus nous n'avons laissé jamais plus nous ne laisserons monter ensemble alternativement dans la pénombre les paroles bribes de phrases remarques banales exprimant nos inquiétudes nos soucis nos joies   vieux routiers antiques voyageurs ayant traversé ensemble côte à côte trente-sept années de vie ayant élevé ensemble tant bien que mal cinq enfants trois filles et deux garçons   Ensemble nous nous sommes inquiétés sur leurs malaises leurs bobos leurs maladies   durant la scarlatine de Berthe (languissante squelettique jaunâtre) combien de fois Norbert (entre deux clients deux démarches) n'a-t-il pas fait un saut à la maison pour voir la petite égrotante   et pour me voir aussi égrotante moi-même (depuis la disparition de papa) pour

71

s'enquérir de ma santé — constriction gutturale larmes d'attendrissement — N'ai-je pas alors fait peser (mauvaise mère
mauvaise épouse) un double fardeau sur les épaules déjà
affaissées déjà déclinantes de Norbert (que je critiquais
harcelais sans cesse   non non)   Mais était-ce ma faute
Seigneur   jeune mère languissante en proie à une nausée
perpétuelle   condamnée à une éternelle besogne de servante (changer laver jour et nuit des couches souillées et
puantes faire la cuisine faire le ménage malgré l'épuisement
l'écœurement le manque de sommeil) allant de grossesse
en grossesse (deux enfants en vingt-deux mois   un troisième dans le ventre   la vie va-t-elle continuer ainsi ma
vie ma seule vie   un enfant puis un autre puis un autre
sans arrêt jusqu'à la ménopause) moi pauvre petite Vitaline
naguère si gâtée si choyée maintenant mariée à cet étranger
de quarante-trois ans (Norbert Onésime Barré) incapable
de se retenir de maîtriser ses sens incapable de planifier
de gouverner la famille (deux enfants en vingt-deux mois
un troisième dans le ventre — pauvre petite Berthe indé-
sirée)   Norbert démarcheur pitoyable cauteleux papelard
vendant à peine chaque semaine une couple de misérables
polices d'assurance alors que papa homme de tête puissant
et aisé inspecteur intègre dirigeait d'une main ferme sa
maison et ses affaires   « Ah si ton père avait voulu
Vitaline s'il avait voulu entrer en politique tu serais aujourd'hui fille de ministre de premier ministre »
Pauvres de nous c'est un meneur un chef comme papa qu'il
nous aurait fallu qu'il nous faudrait   Car alors nos pauvres jeunes ne tomberaient pas entre les griffes de ce
pseudo-chef de cette fripouille Stanislas-Auguste Casavant
communiste socialiste ne croyant ni à Dieu ni à diable
se gargarisant de formules creuses cervelle brûlée chauffant

72

à blanc sa gang d'énergumènes avec ses poses de lutteur forain ses hurlements de bête féroce (l'arrêter le jeter en prison lui administrer des douches froides)   Pauvre Julien hypnotisé par ce fanatique et ensorcelé par sa putain flamande aux cheveux poisseux   Julien naguère si élégant si raffiné   maintenant sale déguenillé hantant les bars louches les quartiers pouilleux (mon Dieu faites qu'il s'amende faites qu'il revienne dans le droit chemin) — écrasement chute au fond d'un abîme — est-il possible qu'il ait préféré assister à son meeting à son cirque plutôt que de venir ici prier (mais croit-il seulement encore à Dieu) devant la dépouille mortelle de son père plutôt que de venir consoler réconforter sa mère — larmes coulant le long de mes joues sous la voilette — Ah si seulement papa vivait encore s'il avait vécu plus longtemps Julien ne serait pas parti il ne se serait pas laissé corrompre Julien si doux si sensible n'aurait pas pu résister à la calme autorité sécurisante de son grand-père   Que de fois lorsque Julien était enfant (assise dans la cuisine en train de repasser) ne lui ai-je pas parlé de papa de sa prestance de sa force de son autorité   Julien m'écoutait il buvait mes paroles il me regardait de ses yeux limpides et veloutés   mais — malaise inquiétude — vous le savez Seigneur je ne lui ai jamais pour autant parlé en mal de Norbert (presque jamais pour ainsi dire jamais vous le savez mon Dieu sauf à l'occasion   mais n'était-ce pas mon devoir de mère et d'éducatrice   sauf en de rares occasions pour le mettre en garde contre la molesse et la tyrannie de la chair) — sueurs léger vertige — Vite j'essuie mes larmes (comme la mort de Norbert m'a affectée) j'ajuste ma coiffure ma voilette car il faut que je remonte là-haut sans délai   Il ne sera pas dit que je n'aurai

73

pas fait mon devoir jusqu'au bout aux funérailles de mon époux (ne pas oublier de vérifier la propreté de Jacot avant de remonter)   J'ai toujours été une épouse fidèle Seigneur vous le savez même si Norbert n'a jamais été un homme fort ni un meneur   Hélas Norbert était un faible un mou (Seigneur pardonnez-moi   mais maintenant qu'il est mort quel mal y a-t-il à le penser)
Qu'est-ce que je me disais donc au temps des fiançailles
Que me suis-je dit (avec quelle intensité tout cela me revient) en ce doux crépuscule d'octobre debout au jardin à côté de papa ma main délicate pressée entre ses deux mains gigantesques quelque temps avant mon mariage (voulait-il me donner un conseil un avertissement) qu'est-ce que je me disais la poitrine oppressée en écoutant les cris rauques des canards sauvages en voyant leur triangle frémissant déchirer la brunante   au temps des fréquentations qu'est-ce que je me disais de Norbert au temps des fiançailles en cet automne où la vue des canards sauvages dilatait ma poitrine où je me sentais une avec le monde avec la nature alors que deux voyageurs (un père et sa fille) et le rauque triangle volant gravitaient avec la terre dans l'immensité vertigineuse   Je me disais (naïve inconsciente fiancée) je me disais « mon fiancé me gâte il me cajole il fait mes quatre volontés c'est normal (c'est le temps des fiançailles c'est les vacances) mais ensuite tout va rentrer dans l'ordre Norbert va prendre les commandes chef du foyer chef de famille sûr de soi de son autorité il va édicter les règles les lois   l'ordre va régner dans le foyer dans la famille (j'aurai deux enfants un garçon et une fille) »   Maman disait « Tu es chanceuse d'avoir trouvé un garçon comme Norbert remercies en le ciel c'est un homme fiable aimable sérieux   j'ai

bien connu son père c'était un saint homme » Elle causait longuement avec Norbert appuyée au chambranle de la porte du salon longuement une demi-heure trois quarts d'heure manifestant une animation inusitée (jamais à court de sujets ni de paroles) Mais moi dans le sofa grenat de peluche même quand nous étions seuls je ne trouvais pas grand'chose à lui dire mais je me disais « c'est temporaire ensuite ça va changer quand nous serons chez nous dans notre appartement tout va changer » Quand maman retournait à la cuisine papa sortait de son étude échangeait quelques remarques avec Norbert et gagnait (journal et pipe à la main) la salle à manger il fermait la lourde tenture de velours safrané qui la séparait du salon Longs silences immobilité étrange engourdissement dans le moelleux sofa peluchueux à ramages ondulations de la lourde tenture opaque puissante senteur du tabac se frayant un chemin à travers l'étoffe craquements étouffés du journal roulement feutré de la berceuse — immobilité torpide engourdissement gagnant les jambes les cuisses — Norbert ne parlait guère je me disais « après le mariage nous aurons des choses à faire des choses à nous dire nous aurons un doux foyer douillet bien ordonné bien rangé bien gouverné » Quand Norbert était parti papa ne disait pas grand'chose mais parfois il disait avant de m'embrasser en me souhaitant bonne nuit il disait « Norbert est un bon garçon mais agent d'assurance c'est quand même un drôle de métier » Moi je me disais « ce sont les fréquentations les fiançailles après ça va changer » Ensuite je me suis dit « c'est la lune de miel bientôt incessamment ça va changer Norbert va prendre la gouverne édicter des règles peut-être même va-t-il changer de métier » Mais le seul changement — malaise ten-

75

sion — c'était ce fut la nuit (il faut que je me lève que je me secoue que j'aille sortir Jacot de là que je remonte là-haut) ce fut la nuit — palpitations crispations — lorsque Norbert commençait à s'agiter à me pétrir à me mordiller (bête qui se dresse se durcit dans l'ombre sous les couvertures couleuvre aveugle malfaisante cherchant à darder à détruire)   « Non non Norbert je ne veux pas non non »   cette figure bestiale hagarde contorsionnée est-ce vraiment le même est-ce là le Norbert si doux que j'ai épousé   je laboure le drap de mes ongles je voudrais hurler m'enfuir mais je reste là clouée par la peur épouse chrétienne écrasée transpercée martyre impuissante endurant dix fois vingt fois cent fois ces tortures   souillée avilie subissant dix fois vingt fois cent fois cette respiration rauque ces yeux démentiels ces mèches tordues comme des serpents dans la figure (brute préhistorique massue au poing traînant sa victime par les cheveux dans les cavernes de Cromagnon)   Combien de fois Seigneur dois-je endurer pendant combien de temps   Non non me venger protester hurler me lever me sauver   « Taline Taline où vas-tu »   ruée vers les toilettes remontée visqueuse acide au fond de la gorge   « Vitaline qu'est-ce qu'il y a es-tu malade »   Voix abhorée hypocrite qui se fait humaine compatissante je m'enferme à double tour dans cette pièce (lavabo blanc cuvette immaculée où je crache avec âcreté)   à double tour je verrouille la seule pièce où je sois vraiment chez moi   « Vitaline réponds-moi te sens-tu mal »   Ne pas répondre faire la morte   qu'il s'inquiète se ronge les sangs se torde les bras d'angoisse et de remords   Oh que ne suis-je de nouveau chez moi entre papa et maman   protégée par papa et maman   que n'ai-je ici comme chez moi mon lit ma chambre

76

inviolables « Vitaline je t'en prie réponds-moi » (Seigneur pardonnez-moi je veux je voudrais être la bonne épouse la bonne chrétienne ne me précipitez pas dans les flammes éternelles) Mais que ne suis-je de nouveau fillette écolière adolescente mes livres à la main ma broderie sur les genoux assise sous la tonnelle à l'entrée du jardin où papa venait s'installer fumant sa pipe lisant son journal par les chaudes soirées de juin par les crépuscules touffus de septembre Quand il se faisait tard et que l'obscurité nous enveloppait je me levais déjà ensommeillée pour regagner ma chambre papa n'était plus qu'une monumentale figure de rêve au jardin nocturne

Silencieusement dans un demi-sommeil je pénétrais dans la maison silencieuse je montais à ma chambre (après avoir par la fenêtre entrevu de nouveau l'image fantômale) je me glissais je me roulais entre les draps immaculés La bonne petite épouse la créature sans tache sera déjà debout à l'aube s'affairant dans la cuisine avant que ne se lève son maître son époux bien-aimé (qui doit partir au tôt matin pour sa tournée d'inspection) Il faisait encore noirâtre quand la petite épouse a quitté son lit et s'est agenouillée pour offrir son âme et sa journée à Dieu Ensuite déjà habillée elle est sortie de la chambre sur la pointe des pieds (elle réveillera en temps et lieu son époux bien-aimé qui repose encore dans la chambre voisine) Une fois dans la salle de bains devant la glace de la pharmacie elle a pris le temps de se coiffer avec élégance mais sans coquetterie (elle ne fait usage ni de poudre ni de fard) Maintenant descendue à la cuisine munie de son délicat tablier de tulle à bavette festonnée elle s'affaire devant l'ancienne cuisinière à gaz Elle apporte un soin extrême à la préparaion de ce repas matinal

Elle procède avec calme car elle a passé une bonne
nuit de sommeil ininterrompu   Elle peut donc consacrer
toute son attention à son travail   Elle sait que le gruau
doit être cuit à point ni trop épais ni trop clair (ce qui
exige de cinq à sept minutes de douce ébullition)
Elle attend donc que le mari (qu'elle est allé réveiller
d'un baiser) sorte de la salle de bains et commence à
se raser devant la glace de la cuisine près de la fenêtre
Même s'il ne fait pas encore très clair il préfère cette
lumière naturelle à l'ampoule de la salle de bains   Il se
sert d'un ancien rasoir droit solide massif qu'il aiguise
en le glissant sur le cuir avec un bruit qui la fait frissonner   Dès qu'elle entendra le premier grattement du
rasoir contre la peau elle haussera légèrement la flamme
du brûleur à gaz pour activer l'ébullition du gruau   Le
pot de cassonnade repose sur la table un peu à gauche
de l'assiette creuse juste à l'endroit où son bien-aimé le
remet après s'en être servi   Elle a pris soin d'écraser
toutes les mottes de la cassonade car son mari déteste
se poisser les mains (Ça ne lui fait rien à elle de se salir
un peu le bout des doigts   D'ailleurs ce n'est pas en
mangeant qu'elle écrase ces mottes collantes car elle ne
mange pas en même temps que son mari)   Quand il
mange elle reste debout près de lui pour le servir pour
prévenir ses moindres souhaits   Après avoir rincé ses
doigts collants de cassonade sous le robinet la petite
épouse agitera une dernière fois son batteur pour rendre
l'omelette encore plus mousseuse avant de la verser dans
la poêle très chaude   Son mari aura alors tout juste commencé son gruaux   Ce sera une bonne journée
Le mari en mangeant n'aura fait aucun reproche aucune
remarque désobligeante à sa petite épouse   Quand il

se lèvera de table il sera satisfait   Rien n'a cloché rien
ne cloche absolument rien tout est parfait il est content
elle l'aide à endosser son paletot de chat sauvage aux
longs poils jaunes et noirs   Il est tellement lourd qu'elle
doit fournir un effort musculaire presque douloureux pour
le soulever pendant qu'il enfile les manches   Mais elle
le fait avec un plaisir intense   Tout de suite après il
se retourne pour l'embrasser   Elle sent l'innombrable picotement de sa moustache contre sa joue   Le picotement
persiste longtemps après son départ   Elle est heureuse

IV

JULIEN

Frissons d'intense expectative   bourdonnements rumeurs de foule de houle dans l'immense cornue ventrale aux armatures d'acier aux piliers puissants jumelés comme des jambes énormes dans leurs gaines cimenteuses et plongeant dans le suc argileux jusqu'au roc primordial Bouillonnement pulsatif d'ancêtres humiliés qui distend mes veines   Farouche clapotis retenu de gosiers calvairiens et hostiaques dans l'attente de Stanislas-Auguste qui jaillira sur l'estrade retentissante   chef souverain surgissant botté de cuir le corps moulé dans un survêtement noir de nylon luisant   bras brandis jambes écartées formant un X indestructible dans cet enclos à l'ossature de fer où je frissonne et vibre à l'unisson d'un peuple mien   Sophie mienne aussi à mes côtés nous attendons ensemble fusionnés à la rumeur marine de la foule nous tenant par la main   un seul sang collectif (car Sophie est des nôtres) circulant dans cette immobile troupe en marche vers l'avenir battant d'un seul cœur sous la voûte hyperbolique de l'aréna décagonale   Et tu es présent

81

aussi Norbert Barré tu es en moi tu es des nôtres antique géniteur qui dors au loin enclos dans ton lourd cercueil de chêne   Exploité jusque dans la mort enfermé hélas jusque dans la mort dans un épais système claustrophobique   Autour de toi *pater familias* lointain (dont la chair les tissus l'ossature lentement implacablement retournent à l'indifférencié primordial) autour de ce luxueux container mordoré (qui ne contient rien) capitonné de satin crémeux   autour de ces cierges absurdes (entrevus ce matin avec leurs rigides flammes lancéolées   comme un voleur je me glisse hors du lit — absurde absurde — « où vas-tu » dit Sophie « je vais prendre l'air » dit l'orphelin insomniaque   comme un apache je rôdaille aux entours du *Funeral Home* — loufoque loufoque — je me faufile par une porte latérale sur la pointe des pieds dans mes sandales avachies je m'introduis comme un malfaiteur en tapinois à l'insu en l'absence de tous jusqu'à l'orée du grand salon   je vois (humant l'odeur ecclésiale de la cire) les six flammes lancéolées filer dans l'air stagnant leur filet de fumée   j'entrevois enchâssé de bouillons de satin crémeux un masque rigide outrageusement grimé   je tourne les talons je fuis à toutes jambes en bousculant deux croquemorts surgis du tréfonds du couloir et qui m'invectivent épaissement)   autour de toi maintenant *ex-pater familias* (exploité jusque dans la mort) autour de ces cierges absurdes et de ce crucifix contorsionné s'agenouillent et prient des sous-hommes des sous-femmes domestiqués conditionnés abrutis par l'étouffant système claustrophobique   ma mère mes sœurs et même Roch (vendu aux puissances d'argent)   cousins cousines tantes lointaines vêtues de noir   grands oncles campagnards aux gestes de robot à la peau tannée comme du cuir

82

parentèle loufoque irrécupérables crétins injectés au hasard dans le creuset ventral puis éjectés spasmodiquement (boules de chair hurlantes et glaireuses) d'une chair sanglante et meurtrie (vagissements dérisoires de l'homoncule bleu faisant vibrer pour la première fois l'irrespirable atmosphère terrestre pitoyables insectes s'égosillant en vain car ils seront tout de suite happés par cet autre ventre la famille succionnés avalés par cette autre matrice la société) Irrécupérables tous (parents amis voisins connaissances) avaleurs de couleuvres et gobeurs de chimères agenouillés autour d'un cercueil qui contient les molécules en décomposition d'un ancien agent d'assurance (mon père) Irrécupérable Vitaline-Adèle Barré née Francœur ma mère   Irrécupérable Anita Bachand née Barré ma sœur veuve d'un mollusque sentencieux prénommé Charles   Irrécupérable Berthe Laverdure née Barré ma sœur plaquée par un ex-athlète gueulard et vaniteux (sa voix nasillarde de sous-doué aux muscles de gorille — crispation rage impuissante — « laisse-toi sécher le nombril morveux avant de parler de réforme » lui casser la gueule à coups de poings lui défoncer le derrière à coups de marteau-pilon non non)   Patience et calme *self-control* et méthode Bannir les rancœurs les griefs personnels stranguler le nombrilisme petit-bourgeois   Me perdre (me retrouver en profondeur) dans l'attente collective dans l'unanime ovation torrentielle provoquée par l'arrivée du chef Stanislas-Auguste Casavant   (Moi Julien Barré je suis libéré de toute attache familiale j'ai rejeté depuis longtemps — *self-control* et méthode — les paroles pitoyables d'un beau-frère au crâne d'oiseau)   Mais cette risible Berthe prétentieuse pimbêche à peine débarrassée (sans le vouloir) de son gorille la voilà accotée avec ce Rinaldo Renato Renardo

immigrant famélique exploité pourri là-bas par le système
la combinazione déchet social venu ici dans l'unique but
de gagner de l'argent et (pauvre bougre) de consolider
(sans le savoir) le système responsable de sa déchéance
(son assurance de crétin chez Berthe l'autre soir « Né
venez pas me raconter d'histoires sur Mao Monsieur Barré
j'ai un copain qui y est allé en Chine moi »   et la
Berthe naturellement petite-bourgeoise jusqu'aux tripes buvait ses paroles bouche et vagin béants (« laisse tomber »
dit Sophie « après la trentaine les gens sont irrécupérables »)   Bannir le passé éliminer les tripotages fa-
miliaux   Les yeux tournés vers l'avenir je tiens dans la
mienne la main de Sophie la militante l'inébranlable l'incorruptible (mienne dans la cause dans la lutte)   Pression
de ses doigts pression de mon phallus contre mon slip —
j'assume ma charnalité j'en suis fier — la main dans la
main parmi le clapotis sourd de la foule nous attendons
unis l'un à l'autre — douceur libération renversement des
anciennes idoles — unis l'un à l'autre et prêts à nous
sacrifier ensemble pour la cause et pour le chef   Ah
qu'il paraisse vivement qu'il surgisse trapu massif irrésistible
jambes écartées bras obliquement brandis formant un X indestructible et dynamique parmi les acclamations délirantes de
la foule unanime   qu'il prenne possession de l'aréna vibrante à la voûte arquée comme un ventre de femme   le creux
des reins la croupe ardente frémissante de Sophie la pyramide
pharaonique inébranlable des jambes du chef obliquement
plantées sur l'estrade retentissante triangle isocèle des jambes moulées dans leurs bottes de cuir dans leur survêtement
de nylon luisant   triangle inversé pelvien soyeux vertigineux de Sophie   plongée térébrante dans la ténèbre
primordiale (vaporeux triangle pileux à peine visible d'une

84

Gaétane gracile nue devant la glace à peine entrevue en traveling par la fente filiforme de la porte) les longs cheveux noirs et luisants de Gaétane son œil espiègle pétillant d'intelligence et de vitalité   combien de jours de mon enfance de ma latence combien de soirs n'avons-nous pas passés ensemble blottis sous le balcon derrière le treillis losangé des lattes loin des yeux de maman loin des yeux d'Anita   (Non non)   Famille je te vomis   lamentable cellule je rature tes membres embourgeoisés   toute attache rompue je me fusionne au collectif   En ce jour mortuaire pourtant (où j'attends parmi la foule le surgissement du chef) ne sens-je point en moi couler dans mon sang bouillonner dans mon cerveau la quintessence paternelle dynamisée (sourde révolte incubée de siècle en siècle)   Norbert-Onésime Barré antique géniteur obscurément trépassé après une existence obscure ton fils ne glanera pas les déchets des requins il ne quêtera point échine ployée les miettes du système   Authentiques ascètes d'une imminente renaissance Sophie (dont je presse la douce et forte main) et moi installés dans un galetas miteux (les yeux effarés la bouche bée de maman à la vue de cette horreur) nous couchons sur un antique matelas hernieux ramassé dans une ruelle nous grelottons l'hiver nous étouffons l'été sous nos couvertures trouées de la *Salvation Army* couple de soldats vomissant le confort et l'avachissement bourgeois   Merveilleuse merveilleuse Sophie internationale se dévouant ici luttant ici pour nous contre les Anglos bouffis d'orgueil et d'arrogance cyniques suceurs de sang vautrés sur les flancs de notre Mont Royal   mais nous les prendrons d'assaut nous les taillerons en pièces   merveilleuse merveilleuse Sophie à la peau satinée aux fesses dures à la croupe sous moi tempes-

tueuse mais — dard au cœur coup de pompe dans le thorax — combien d'autres hommes avant moi Sophie libre
de toute digue combien ont pétri cette élastique fermeté
pénétré cette tiédeur vertigineuse combien le souffle haletant
ont prononcé (aux Pays-Bas en Allemagne en France au
Canada) combien ont balbutié à son oreille des mots d'a-
mour (car il ne fut pas toujours interdit de lui parler d'amour
elle ne fut pas toujours révolutionnaire elle fut jadis adolescente sentimentale petite-bourgeoise fille soumise de l'im-
portateur Henrik Teunebröker) et plus tard combien de
Flamands de Wallons combien d'Allemands ou d'Espagnols
ou de Français ont tenu dans leurs bras la camarade indé-
fectible   Non Non — aspiration profonde sueurs au cou
au front — Non non   Personne ne l'a jamais jamais
pénétrée possédée comme moi (en Flandres en Allemagne
en France au Canada) personne comme moi n'a connu ce
va-et-vient vertigineux ces rythmiques et frénétiques mou-
vements de croupe sur ce matelas bosselé dans un galetas
révolutionnaire ces galopades effrénées remontant le cours
des âges   Mon cheval de bois aux berceaux arqués
crissant sur le sable et le ciment de la cour ventre à terre
sabots pétaradant sur le pavé des villes soumises je passe
et vole au milieu des filaments de bave et des flocons
d'écume issus de la gueule de ma monture fumante je
déchire le vent qui hurle à mes oreilles je traverse farou-
chement mes vastes territoires sous les yeux extatiques de
mes sujets tremblants monté sur ma jument aux jarrets
d'acier que je mène d'une main de fer je poursuis le
tyran monstrueux le barbare étranger qui a voulu m'usurper
mon royaume je le serre de près je vais l'atteindre je
vois la croupe les fesses rebondies de sa cavale danser
devant mes yeux   dans un instant dans un instant sera

mienne l'épée magique qu'il serre contre sa cuisse   ma
badine claque et résonne sur le cou sur les flancs de ma
monture   jambes écartées brandissant dans chaque main
une lance infaillible je vais transpercer de part en part
je vais culbuter l'ennemi dont les os craqueront dont le
sang giclera sous les sabots pétaradants de mon écumante
jument Sophronie   mais — dard au cœur — j'entends un
claquement de porte — crispation de tout le corps dans
cette courette miteuse de sable et de ciment — je vois
une Anita grasse et pulpeuse portant à deux mains à
bout de bras un sac jaunâtre « Julien es-tu fou de te
bercer ainsi tu vas basculer sur le ciment »   D'un bond
surhumain je saute par terre   si le tyran si l'ennemi
croit me tromper par ce subterfuge il se met le doigt dans
l'œil   ce sac jaunâtre tenu à bout de bras comme un
ostensoir par l'esclave à la grosse poitrine contient l'épée
magique escamotable télescope   je m'élance je me
rue sur le sac enchanté   Anita crie hurle je tire j'arrache
je déchire   taloches brûlantes étourdissantes sur ma joue
sur ma tête (est-ce Anita la douce la calme Anita) je
pivote je roule par terre m'époumonnant de surprise de
rage à côté du sac déchiré éventré à côté des serviettes
imbibées d'un sang noirâtre   Est-ce Anita la douce Anita
qui me pousse du pied qui saisit le sac les serviettes qui
court vers la ruelle   Mes sanglots étouffants ses sanglots
étouffés sa tête appuyée contre la tôle ondulée de la remise
ma tête reposant sur le ciment rugueux de la courette
Nos gémissements hoqueteux nos sanglots peu à peu s'at-
ténuant se calmant sa main passant et repassant dans mes
cheveux c'est la douce la tendre Anita ma sœur mais
ce n'est qu'Anita   Ma fidèle Sophronie ma superbe
cavale dont les sabots ailés pétaradaient sur le pavé des

87

villes soumises est un tout petit cheval infirme et dépeinturé dont une patte a été remplacée par un tige de métal

La foule émet une rauque clameur vite éteinte   Vêtu de noir un placier en casquette vient sur l'estrade ajuster le niveau du micro vipérin   Bientôt vêtu de noir bras obliquement brandis jambes écartées surgira comme un dieu Stanislas-Auguste   La main de Sophie un instant raidie se détend dans la mienne (trève de phantasmes puérils) Sophie est là elle existe elle est réelle inébranlable ses doigts noués aux miens nous attendons le chef qui nous électrisera (révolu le temps des jeux le temps des jouets) qui nous transformera en guerriers sagaces et invincibles (nous tous) dans cette aréna houleuse bouillonnante nous tous nous nous mettrons en marche à la voix au signal du chef nous nous ébranlerons nous ferons retentir ce soir sous nos pas cadencés le réseau léthargique des artères métropolitaines   Mais quand donc surgira-t-il enfin quand donc Stanislas-Auguste jambes écartées comme deux piliers obliques les bras soudain brandis rigides comme des tiges masque impassible et granitique sous la brouissaille noire des sourcils charbonneux derrière l'arc gaulois de la moustache lisse   — chaleur par vagues poisseuses suintant de mon corps embourbant les aisselles humectant la raie fessière   douleur sourde aux reins faiblesse dorsale héréditaire —   Les grimaces les contorsions de papa (qui est mort mais je le sers je le venge le vengerai mieux ici qu'aux entours de ce container vernissé et de ces cierges macabres) ses contorsions quand il se redressait quand il tentait de se redresser mais plaquées sur les reins après une longue station assise — douleur aux reins sueurs aux aisselles —   je dois avoir la figure rouge et bouffie   Ignorer ces malaises de femmelette

88

(*self-control* et méthode) bannir ces troubles infantiles ces bouffées pubertaires   Je lorgne Sophie d'un œil oblique j'admire son masque mat et phlegmatique   stoïque Sophie à la peau toujours sèche comme imperméable à la fatigue à la douleur physiques   je l'envie je lui en veux (les yeux fermés les ailes du nez à peine frémissantes qu'est-ce qu'elle sent au cours du coït je l'envie je la déteste je voudrais lui darder dans le ventre un phallus térébrant comme un poignard)   Non non méprisable Julien sans elle que serais-tu petit bourgeois tu serais bouffi de vanité gommeux et ridicule confit dans ton inconscience (sociale) avec tes minables ambitions individuelles (arriver premier en classe surpasser tes camarades décrocher une bonne niche une bonne sinécure) (La voix de Stanislas-Auguste « encourager les luttes individuelles d'ouvrier à ouvrier pour empêcher les luttes de classe voilà leur truc leur tour de passe-passe ils sont malins il faut se méfier »)   Sueurs poisseuses me couvrant le corps douleur sourde me tra-vaillant les reins — mais je tiendrai je tiendrai (méthode et détermination *self-control* et patience)   Tout ceci déploiement spectaculaire interminable attente drapeaux fleurdelisés plate-forme surplombante et dominatrice fan-fare aux musiciens écarlates micro gracile à tête de cobra réflecteurs violacés qui braqueront sur l'estrade leurs per-forants cylindres dans cette cornue grouillante chauffée à blanc tout cela est voulu prévu jaugé calculé
Au moment stratégique (un incident ayant détourné l'at-tention — chaise qui tombe intrus que l'on chasse groupe qui entonne un refrain de marche) au moment stratégique comme un coup de tonnerre fusant des haut-parleurs tron-coniques éclatera notre hymne de ralliement   nous serons quelques secondes (une éternité) plongés dans les ténèbres

frémissantes puis déjà dans le faisceau aveuglant des lumières il sera là vêtu de nylon luisant jambes écartées bras brandis comme des tiges formant un X irrésistible indestructible je crierai hurlerai de toute la force de mes poumons   l'impassible Sophie criera son admiration son enthousiasme   Ah que ne vient-il tout de suite — intolérable expectative — Que les ténèbres tombent sur nous   qu'elles nous enveloppent comme un manteau tiède et touffu   que l'hymne de ralliement affole nos tympans ébranle nos thorax comme des coups de tambours et que Sophie se déchaîne en hurlements frénétiques

Sera-t-elle plus allumée plus vibrante que par terre certaines nuits sur notre sommier de fortune sur notre matelas bosselé dans notre appartement miteux grande piaule dégarnie lugubre aux meubles antédiluviens à l'unique et chiche fenêtre crasseuse   (est-il vraiment indispensable de vivre ainsi)   mais la voix sans réplique de Sophie « le gîte et la pitance voilà   des militants comme nous n'ont le droit de rien réclamer d'autre »)   Mais à combien d'autres compagnons de galetas de matelas a-t-elle répété ces paroles rituelles (Pete Hans Carlos Dimitri Jean-Sébastien) à combien d'autres « camarades venez venez nous lutterons ensemble j'ouvre devant vous pour vous j'écarte les cuisses venez en moi combattre les requins préparer la   révolution » — coups de   pompe dans la poitrine — « seulement attention camarades je vous ouvre mes cuisses mais il vous faudra marcher droit »   Chienne flamande déshumanisée ne pensant qu'à la cause ne pensant qu'à elle-même et au chef au chef au chef

Sans elle je serais allé plus souvent voir papa alors qu'il était si malade alors qu'il avait déjà un pied dans la tombe   « il ne faut pas se laisser bouffer par la

famille » dit Sophie « la famille il n'y a rien de plus
dangereux » Mais elle Sophie Teunebröker l'incorruptible l'inébranlable est-il vrai (se peut-il qu'il soit vrai)
qu'elle s'est lancée dans la contestation dans la révolution
(comme me l'a affirmé Carlos) uniquement pour narguer
pour punir le bourgeois Henrik Teunebröker son père
Mais d'où de qui Carlos tenait-il ce renseignement le
tenait-il de Hans de Dimitri de Jean-Sébastien le tenait-il
de Sophie elle-même dans un moment de détente alors
qu'elle venait de sucer (de sa bouche si tiède de ses
lèvres si douces) son pénis espagnol dans un galetas d'An-
vers ou de Rotterdam (mais Carlos avait un peu bu quand
il m'a parlé de Sophie mais Carlos en veut peut-être à
Sophie de l'avoir quitté mais Carlos au fond n'aime guère
les femmes Carlos au fond méprise les femmes il les
déprécie toujours « entré nous soit dit tou sais Joulien
les femmes la famillye elles en sortent jamais elles l'ont
toujours dans le ventre ») Mais sort-on jamais de la
famille quiconque en sort-il jamais Moi (parmi cette
foule survoltée dans cette cornue explosive tenant la main
de Sophie ma maîtresse) ai-je quitté ai-je oublié un masque
rigide entouré de cierges aux hypnotiques flammes lancéolées Et la dernière fois — honte crispation — la
dernière fois que je l'ai vu vivant (respirant avec difficulté
tiraillant de ses doigts osseux les rebords du drap pattes
de crabe arraché à son milieu aquatique et tâtonnant gau-
chement dans l'irrespirable atmosphère terrestre) pourquoi
n'ai-je pas (perdu dans la contemplation de mon nombril
pensant à Sophie à mon pénis à son sexe) pourquoi n'ai-je
pas perçu les signes avant-coureurs de la mort de papa
ils devaient bien se manifester sur sa figure buriner davantage ses traits modifier son comportement mais il avait

91

il me semblait avoir le même faciès rigide (que les autres fois depuis un mois deux mois trois mois depuis quand) les mêmes plissements figés de la peau le même masque hagard de tragédie antique (maintenant immobile à jamais)   Autrefois naguère pourtant (je me souviens je me souviens) naguère n'avait-il pas mille souples rides mille plissures mobiles au coin des yeux de la bouche surtout au moment où il allait émettre une opinion taquine lancer une plaisanterie   A jamais rigide maintenant à jamais immobile dans son container de métal aux poignées nickelées vie gâchée tout entière consacrée à nourrir consolider le système tout entière polarisée fascinée par la mort (« une simple supposition Monsieur si vous mouriez sans assurance d'où viendrait l'argent de quoi vivraient vos enfants et vous Madame si vous veniez à disparaître ») toute entière consarée à gaver les richards de la *Security Insurance Compagny* (mais je te vengerai Norbert-Onésime Barré je te vengerai) tout en faisant peur aux pauvres bougres par la perspective de la mort de leur mort père maintenant à jamais immobile toi-même   père qui avais tant parlé de la mort toi-même maintenant saisi immobilisé par la mort   La dernière fois dans la chambre crépusculaire (râlante respiration tiraillement spasmodique du drap) comment n'ai-je pas senti pressenti que c'était la dernière fois que ce masque rigide figé déjà à demi-funèbre allait bientôt allait incessamment sombrer chavirer dans le néant   la voix rectotonale inexpressive comme indépendante du sens de ses paroles   « ah voilà mon révolutionnaire » — crispation et révolte — les anciennes mobiles plissures autour des yeux n'étaient plus là (remplacées par des figements de papier mâché) ni le sourire en biais narquois ni l'éclat moqueur des yeux —

92

boule durcissante à l'épigastre — ni le serrement de main à demi-chaleureux   rien absolument dans son comportement qui pût atténuer la dureté des paroles   « tu veux de l'argent comme d'habitude je suppose » (cette voix monocorde de robot ces doigts maladroits tâtonnants animaux aveugles dans le tiroir de la table de chevet — mon hypocrite mouvement de refus)   Non Non (refouler anéantir)
Incident sans importance issu de relations préhistoriques paléolitiques (hache harpon massue quartier de buffle arrachés à l'aïeul périclitant)   Père qui vis en moi qui palpites en moi au sein de la nouvelle super-tribu nous détruirons ensemble le vieux système pourrissant comme un quartier de buffle nous ferons éclater la séculaire cellule triadique nous projetterons d'unanimes et universelles constellations

    Incessamment paraîtra (à l'heure voulue prévue maîtrise tes nerfs Julien Barré) incessamment surgira né du réseau conjugué des réflecteurs exogènes le souverain chef Stanislas-Auguste Casavant   Nos gosiers calvairiens et hostiaques hurleront leur foi nouvelle   nos bras brandis nos jambes écartées ne formeront plus qu'un seul corps inébranlable   Durant la préalabe attente la placide Sophie elle-même aura commencé — rage et tension — à passer entre ses lèvres rougeoyantes une langue véloce le duvet blond de sa moustache commencera à s'humecter son teint à s'allumer ses yeux à lancer des reflets glauques   Elle pressent elle subodore ((la vache la putain)) l'approche instante de son dieu (l'accent rocailleux de Carlos mais il avait trop bu   « pour les femmes tou vois la révolution c'est toujours oune affaire de coul je les connais va les discours de Casavant ça leur donne des orgasmes »)   Sophie hystérique révolutionnaire à

93

la manque palpant flairant partout et toujours l'homme (ou le dieu) telles ces vieilles dévotes moustachues à genoux près des confessionnaux caverneux à l'ombre des colonnes de simili-marbre attendant implorant l'extase le chatouillement pseudo-divin parmi les chuchotis sacramentels   vieilles septa octo nonagénaires rassemblées autour d'un cercueil sacrificiel aux poignées nickelées   vieillardes têtues chenues (mais maman n'est pas encore vraiment vieille ses cheveux grisonnent à peine) dévotes antiques à la foi charbonnière et implacable (car papa ne fut guère heureux en ménage) aux doigts noueux accrochés à leurs chapelets cous tendonneux fanons bovins lèvres craquelées (mais Sophie est encore jeune elle a le cou lisse les lèvres douces la peau soyeuse) fossiles femelles attendant implorant le signe sensible la révélation vénérienne d'un parternel démiurge qui n'existe pas   Mais comment à quel signe incontestable eussé-je pu deviner prévoir que c'était notre dernier revoir   père sclérosique raidi voué à une mort imminente le masque déjà figé funéraire   géniteur ((phallus jadis monstrueusement érectile dressé comme un pilier)) au bras maintenant incertain se déplaçant avec une lenteur tâtonnante vers la table de chevet les doigts noueux tremblants finissant par se refermer par saisir enfin le vieux porte-feuille luisant d'usure (se peut-il en cet ultime moment — moi en santé debout solide lui couché quasi agonique — est-il possible qu'un antique implacable Oedipe antéconscienciel ait même alors au fond de moi crié réclamé exigé vengeance)   la révolution le socialisme la revanche prolétarienne damnés de la terre unissez-vous   qu'eussent-ils perdu   et Stanislas-Auguste Casavant Carlos Ramirez Sophie Teunebröker de quoi les aurais-je privés en quoi les aurais-je trahis si je m'étais alors jeté

94

à genoux ou simplement approché de ce lit qui sentait l'urine la transpiration si j'avais dit « je reviendrai demain après-demain dans quelques jours » — coups de pompe au thorax sueurs collantes dans le cou — Sophie me regarde de ses yeux glauques transparents Oh pouvoir m'y plonger me perdre en elle femme marine née sous le niveau des mers (dans les bas pays ne devant leur existence leur survivance qu'à l'érection de gigantesque digues) Européenne tenace habituée dès l'enfance à lutter résister à tenir le coup fille patiente obstinée aux pâles yeux glauques (si beaux) si vertigineux aux reflets changeants sous moi sur le matelas de fortune à la langue souple animal marin qui explore ma bouche et se tord et roule au contact de ma langue goût un peu salin rafraîchissant intoxiquant de sa salive ah que je me perde que je m'engloutisse en elle que mon corps ma conscience en elle se dissolvent Non Non Que je m'unisse que je m'unanimise à la foule grondante à la foule hurlante face au geste érectile du chef Sophie me mire un moment de ses grands yeux tranquilles à quoi pense-t-elle la peau derechef parfaitement sèche la figure détendue et douce elle se penche vers moi ses cheveux lourds caressant ma joue elle me demande « pas trop fatigué » (à moi viril résistant et dur) je lui réponds « non non ça va ça va t'inquiète de rien » sa voix grave reposante ((la voix aigre crispante de maman)) les barres du dossier de ce gradin me labourant le dos la légère pression sécurisante de sa main sur mon épaule (mais ne plus être un enfant mais être un fort un dur lui dire « Cesse de me traiter comme un petit garçon ») Mais au lit — douceur relaxation — au lit nous jouons (simple jeu rien de plus) je joue au

petit garçon elle joue à la maman   à sa mère qu'elle n'a
guère connue enfouie là-bas dans les basses plaines limoneuses des Pays-Bas derrière les gigantesques digues qui
la protègent de l'océan aux vagues déferlantes   Etrange
animation étrange passion de Sophie (couchée près de
moi le soir à la brunante sur notre matelas de fortune
aux vagues immobiles aux bosselures figées) bizarre feu
intérieur de Sophie me parlant de cette mère à peine
connue brumeusement remémorée réinventée à travers
les brumes de l'enfance et qui fut aussi sédentaires dans
la vie que sa dépouille l'est maintenant dans la mort
(protégée de l'océan par la gigantesque digue)   Et
moi eussé-je réinventé une mère si   (ne l'ai-je pas déjà
tenté par vengeance de son vivant)   Non Non Non
Mais n'ai-je point par anticipation réinventé un père
ne l'ai-je pas relégué dans une maison claustré dans une
chambre (qui furent miennes) avant qu'il ne soit enclos
pour de vrai dans le container brun autour duquel chapelet
aux doigts s'agenouille un troupeau dérisoire   Qu'importe qu'importe
     Toi Julien tu fonces de l'avant sans détourner la
tête en t'unanimisant à la foule   sans chapelet sans
famille tu élabores un collectif avenir et tu venges tout
un peuple   Mais sa voix singulière sa pauvre voix chevrotante lorsqu'il m'a dit (alors que déjà le crépuscule
envahissait la chambre) « tu veux de l'argent comme
d'habitude je suppose » — palpitations sourde pression vé-
sicale — même pas un reproche de sa part   un constat
seulement « autrement je ne te verrais sans doute jamais »
se disant sans doute « Julien mon fils Julien est comme ça
je n'y peux rien je l'aime quand même je n'y peux rien
je le prends comme il est » — nausée envie d'uriner de

déféquer — qu'est-ce que j'ai — tachycardie étouffante —
atteint d'un mal mystérieux et foudroyant je vais crouler
rouler de marche en marche jusqu'au fond de l'amphi
Et le chef Stanislas-Auguste (à qui rien n'échappe) parfaitement maître de son corps viril va surgir sur l'estrade
et transpercer d'un regard méprisant la suante femmelette
évanouie qui roule de marche en marche et se tord de
            — Excuse-moi je reviens
     Les yeux glauques surpris de Sophie le tintamarre
houleux de la foule les sueurs qui m'aveuglent (si maman
me voyait si elle voyait ma figure pâle décomposée) les
marches qu'il faut monter monter les rangées de figures
à droite à gauche qui attendent le chef (comme Sophie
qui ne pense déjà plus à moi) il faut que je tienne voici
la sortie ensuite à gauche au pas de course je tiens je
tiendrai (pourvu que Stanislas-Auguste ne surgisse pas
entre temps) en vitesse je pousse la porte verte à deux
battants — nausée crampe au ventre — je cours qu'est-ce
que j'ai vais-je mourir (maman le docteur Dumas « estomac
frêle nerveux ne poussez pas trop votre garçon Madame »)
j'ouvre la porte de métal je pousse le verrou — vertige
sueurs — m'agenouille m'écrase (petit malpropre petit salaud) les avant-bras appuyés à la cuvette crasseuse soubresauts sismiques vomissements torrentiels âcreté sûris-
sante et visqueuse (te voilà à genoux saligaud) filaments
de bave grains de maïs effilochures de poulet dansotant
dans un liquide ocreux (toi qui n'as pas voulu couillon
t'agenouiller près d'un cercueil) sueur gluante collée à
ma figure comme un masque souillé coups de tambour
thoraciques j'extrais de ma bouche mon mouchoir douteux
mon mouchoir puant (les paroles de Berthe à ma dernière
visite « penses-tu que je vais me laisser engueuler par

97

un morveux comme toi qui empeste la maison   fiche le
camp si t'es pas content » pimbèche fieffée chipie infecte
démangeaison au cul depuis le départ d'Albert irrécupérable
crétin)   Voilà que choit par terre sur le terrazo grisâtre
le billet de cinq dollars que papa — déferlement dans les
tympans — que papa d'une main tremblotante a tiré du
vieux porte-feuille (le cœur va me sauter de la poitrine
tomber s'écraser par terre comme un saignant déchet de
boucher) et que j'ai comme un voleur comme un parasite
ignoble   Non non   Assez   Familles bourgeoises je
vous hais capitalisme je te maudis société de consommation
je te dégobille de toutes mes tripes système infâme fauteur
de haine et d'incompréhension avilisseur sordide qui t'insi-
nues jusque dans la moëlle de nos os — hauts le cœur
dégobillage plus bénin soulagement soulagement — mais
se peut-il que l'antique Oedipe préhistorique avant le capitalisme avant le prolétariat avant l'argent aient régi (chiens
salivant de Pavlov)   guidé télé-guidé (taureaux aux élec-
trodes plantés dans le crâne) mon geste de pseudo-vo-
leur   Dans la nuit qu'est-ce que ça veut dire dans
la nuit des temps la horde freudienne des frères une
vingtaine de gorilles meute récurrente de jeunes anthropoïdes
dévorés de haine et de concupiscence mi-hommes mi-bêtes
(*Space Odissey*) ne sachant peut-être même pas se servir
d'un gourdin pour tuer l'adversaire lui fracasser le crâne
comme une noix de coco — crampe intestinale vertige —
le cerveau compressé saillissant par la fêlure se répan-
dant sur le sol comme un animal visqueux aux anneaux
sans nombre   le billet de cinq dollars froissé maculé
(tiré du vieux tiroir et jailli de ma poche) reposant sur
le terrazo entre la mince lamelle de cuivre et la cuvette
de porcelaine devant laquelle je suis agenouillé — pul-

sations optiques   douleurs aux genoux (te voilà à genoux
dans la merde saligaud) — Non Non   Défaillances cor-
porelles je vous maudis   remords morbides hérités d'âges
révolus je chie sur vous à plein cul et je ramasse d'une
main ferme le billet maculé roulé en boule ((l'argent n'a
pas d'odeur)) je refourre dans ma poche ce reliquat d'un
autre âge   Argent vil instrument de servitude déchet
excrémentiel nous allons te détruire   capitalisme chancre
hideux nous allons t'extirper t'exciser du monde
Là-bas dans la cornue créatrice aux piliers d'acier rigide
va surgir le chef le catalyseur suprême il va dénoncer de
sa voix tranchante (mots martelés massues irrésistibles
phrases claquantes cinglantes comme des fouets   la
peau écorchée garde la marque cuisante des mèches de
cuir chapelet de sang arbre rouge en relief sur l'épiderme)
il va cravacher les pouvoirs de l'argent monstres succubes
pieuvres aux tentacules cancéreuses Stanislas-Auguste Casavant fera plier l'échine à l'étranger à l'ordure unilingue
tu seras maître tu seras roi — estomac qui se calme derniers soubresauts frémissements bénins — bientôt ma peau
sera sèche mes tympans vibreront seulement aux paroles
du chef bras brandis jambes écartées entonnant d'une
voix de stentor notre hymne de combat   Nous vaincrons
nous vaincrons Québécois autrefois écrasés nègres blancs
porteurs d'eau messianiques damnés de Terre-Québec nous
vaincrons nous triompherons — aspiration profonde dila-
tant ma poitrine chaleur gonflement péniens — Echines
ployées devant nous jeunes Westmountaises Mountroyalaises parfumées corps crémeux et doux faisant en français
amende honorable devant moi comparaissant devant moi
juge intègre au tribunal du salut du peuple devant moi
lieutenant inflexible alter ego du chef   à genoux devant

moi des Westmountaises racées juments splendides des Mountroyalaises mûrissantes mais superbement conservées épiant en tremblant mes moindres gestes mes plus fugitives expressions   à genoux devant moi l'échine ployée filles femmes de millionnaires de banquiers présidents de sociétés tentaculaires trustards infects crapules dégueulasses (arrêtés écroués parqués dans des camps de réhabilitation) femelles superbes à la peau bronzée par le soleil de Floride et d'Acapulco venues accourues s'agenouiller devant moi (pour sauver leurs frères leurs fils leurs époux) m'implorant humblement de leur permettre de servir la cause notre cause comme aides-infirmières servantes bonnes à tout faire buandières (corps couvert de sueur sous l'effet de la chaleur et du travail épuisant) à genoux devant moi chef du tribunal révolutionnaire alter ego incorruptible du chef je les mets en liberté surveillée en carte sociale elles devront se présenter devant moi toutes les quinzaines avec un certificat de bonne conduite de diligence de progrès dans l'étude du français   l'une d'elles deux d'entre elles trois d'entre elles seront ma servante ma cuisinière ma femme de chambre (car alter ego du chef consacrant seize heures par jour à la cause je devrai réduire au minimum mes préoccupations matérielles)   Mais Sophie — culpabilité — mais où sera Sophie   que fera-t-elle   Dans une maison de réhabilitation (où elle devra habiter) en qualité de surintendante elle surveillera dirigera d'une main de fer des pupilles anglo-saxonnes   Non non (Quitte Julien ce trône infantile   laisse ton membre décroître et retourne au plus vite là-haut où bouillonne la foule loin des rêves nombrilistes)   Sophie sera en mission diplomatique (elle qui aime voyager) — tachycardie décroissante sudation disparue — en mission à Cuba à Moscou à Pékin mais elle me sera fidèle m'écrira tous les jours pensera à moi même en présence de Mao de Castro de Kosygin   Non Non Non   Sophie est là-haut qui m'attend s'inquiète se demande ce qui me retient Vite vite trève de balivernes d'enfantillages vite vite — anxieux sentiment d'urgence — je m'essuie je me mets sur pied je remonte mon slip je boucle ma ceinture   le billet de cinq dollars repose derechef au fond de ma poche (qu'il repose en paix marmonnent les vieilles dévotes les irrécupérables agenouillées autour d'un container) papa est mort damné de la terre mais il vit en moi je le vengerai (je dépenserai ces cinq dollars héritage singulier avec la plus stricte parcimonie) je le vengerai forçat du système   vite vite — constriction gutturale (« c'est pas facile tu sais mon gars aujourd'hui de gagner de l'argent ») — je remonte mon curseur   dans un instant dans deux minutes je serai là-haut

Mais quoi (tympans ne me trahissez pas cessez de bourdonner) ces acclamations ce déferlement de voix milliers de gosiers unanimes — sueurs vertiges — le chef est là il est là-haut debout dans son luisant survêtement noir et moi je suis ici lâcheur geignant rêvassant traître fuyard ayant abandonné son poste pour une indisposition de femmelette — sueurs vertige anéantissement — Stanislas-Auguste est là-haut sur l'estrade jambes écartées brandissant vers le ciel ses deux bras rigides et moi ici déchet croupissant rêvassant dans ce cabinet de métal grisâtre (dans ce container ordurier)   Il me faudra me glisser en tapinois honteux le cœur battant me faufiler dans l'aréna à pas de loup ayant failli trahi n'ayant pu participer au surgissement à la communion délirante n'ayant pu me retremper m'abreuver femmelette pusillanime à pas de loup je devrai

maintenant comme un voleur un malfaiteur me glisser
dans l'amphithéâtre   il aura commencé de parler de scan-
der de mordre dans les mots de me mordre de me fustiger
Sophie aura les yeux rivés sur lui hypnotisés par lui
elle sera enchaînée captive esclave soumise de Stanislas-
Auguste ((nom ridicule de roi polonais d'empereur romain
son style pompeux pompier ses gestes outrés de pantin ses
cris de dément))   Vite vite   Mais je reste là devant ce
miroir zébré d'éraflures à regarder mes yeux rougis ma
barbe pisseuse   Là-haut la foule se déchaîne en clameurs
foudroyantes personne n'a besoin de moi   Stanislas-Auguste ponctue de geste pugnaces ses mots d'ordre fulgurants   nul ne remarque mon absence   au salon funéraire autour d'un cercueil de chêne des âmes pieuses
s'agenouillent et prient   les yeux rivés sur le chef hypnotique Sophie hurle son approbation (je lui ai dit « papa
est mort » assise en tailleur par terre elle raccomodait un
vieux pull elle a dit « ah » j'ai dit « c'est arrivé hier
matin » (chienne insensible lâche donc ce maudit pull
ce baptême de raccomodage) elle a dit « il était agent
d'assurance n'est-ce pas » elle n'a pas dit « pauvre de toi »
elle n'a pas dit « comme j'ai du chagrin pour toi mon
toutou mon loulou mon Juju » je lui ai dit « qu'est-ce
que ça peut faire ce qu'il était » elle a dit tirant sur sa
maudite aiguille coupant son baptême de fil elle a dit
« t'en fais pas   dans la société de demain » j'ai claqué
la porte descendu quatre à quatre l'escalier j'ai marché
marché « dans la société de demain il n'y aura pas d'agents
d'assurance »   escalier remonté quatre à quatre porte
reclaquée jupe pull culotte soutien-gorge arrachés chienne
culbutée sur le plancher rugueux mon phallus planté dans
l'entrejambe   elle a gémi râlé hurlé « mon toutou mon

loulou mon Juju »   Quand je remonterai dans l'aréna survoltée dans la cornue retentissante (me glissant en tapinois dans l'allée descendant à pas lestes les gradins) s'apercevra-t-elle seulement de mon retour   les pupilles étrangement dilatées elle n'aura d'yeux que pour le chef (ne désirant qu'une chose se faire foutre par lui   comme jadis comme naguère par Hans Dimitri Jean-Sébastien Carlos comme maintenant par moi   Non Non) Etendus l'un et l'autre désassemblés sur le plancher rugueux moi lourd d'une lourdeur soporifique pensées déchiquetées effilochées dérivant comme des nuages je lui ai dit « papa n'a pas eu une vie heureuse » étendus l'un et l'autre nus désassemblés sur le plancher rugueux et lourds d'une lourdeur indulgente dans notre piaule au plafond craquelé ses doigts ont cherché les miens attouchement d'une douceur étrange elle a dit « t'en fais pas dans notre société il n'y aura plus d'esclaves » — les craquelures brouillées du plafond dans la pénombre les larmes coulant le long de mes tempes — elle a dit « c'est pour ça que nous luttons c'est pour ça que lutte Stanislas-Auguste » pourquoi l'appelle-t-elle toujours Stanislas-Auguste (elle ne le connaît pas mieux que moi) pourquoi jamais Casavant pourquoi jamais le chef le camarade-chef pourquoi jamais Casavant S. A. (quelle bonne plaisanterie il en a ri lui-même *Casavant société anonyme*) cette société nous l'aurons — dilatation pectorale fourmillement à la nuque — nous l'aurons sans classes sans familles et sans noms nous l'aurons sans passé individuel autre qu'ovarien et spermatique   Mais comment puis-je moi maintenant — face hagarde et souffreteuse yeux fibrillés de rouge me regardant dans le miroir — comment puis-je ne pas avoir de passé   n'ai-je pas eu des parents un frère des

103

sœurs une enfance à la maison une adolescence un bout de jeunesse n'ai-je pas eu un père un papa maintenant défunt enclos dans un cercueil de chêne (non non ne pas chavirer rechavirer là-dedans quitter cet enclos cet hypogée remonter là-haut mais) Moi tout petit heureux émerveillé avec papa (cheveux châtains coiffé de son canotier) dans les rues de Montréal ma ville ma main dans la sienne   moi moins petit mais encore émerveillé du scintillement des vitrines marchant trottinant à côté de papa (cheveux à peine poivrés) dans les grandes rues ferraillantes et vrombissantes Ontario Sainte-Catherine   et les transver-sales grouillantes d'enfants qui courent crient se poursuivent les tranversales remplies du petit peuple de parents assis sur le seuil des portes ou sur le trottoir à la brunante pour chercher un peu de fraîcheur au cœur de la canicule vacances d'asphalte de briques et de ciment chaises disposées sur le trottoir mères de famille affalées là en tabliers déteints aux traits fatigués mornes devisant entre elles attendant la fraîcheur de la nuit attendant l'automne   ouvriers en bras de chemise chômeurs aux traits creusés attendant la nuit le plaisir éphémère avec des femmes défraîchies rési-gnées attendant que les enfants grandissent (mais il en vient toujours d'autres)   papa disait ma main dans la sienne fatigué lui aussi cheminant pour me faire plaisir Ontario Sainte-Catherine l'éblouissement des étalages le miroitement des vitrines le brouhaha exaltant de la foule Ontario Sainte-Catherine et les transversales les enfants qui vociféraient ou quelquefois nous regardaient en silence barbouillés les doigts dans le nez papa disait doucement très doucement « ce sont des pauvres   nous on n'est pas riches Dieu sait mais ils sont plus pauvres que nous » sa main dans la mienne nos deux mains ensemble cheminant à petits pas Ontario Sainte-Catherine et tour à tour les transversales Parthenais Dufresne Fullum et d'Iberville à petits pas les miens ingénus et protégés d'Iberville Fullum Dufresne et Parthenais   à petits pas les siens affectueux et résignés « on n'est pas riches » les miens trottinants et ravis sa main serrant protégeant la mienne sa main — coup de pompe au thorax — la même qui noueuse et tremblante tâtonnait naguère dans un tiroir

Qu'est-ce que je fais ici (yeux égarés tympans bruissants) qu'est-ce que je fais ici devant cette glace ce mur pisseux ce lavabo écaillé ce robinet gouttant sur une traînée de rouille qu'est-ce que je fais femmelette risible en proie à une rumination aussi futile aussi débilitante que des agenouillements et des prières autour d'un cercueil   Assez assez   Redresse-toi Julien   Bombe le torse   Sors enfin de tes catacombes passéistes et cours là-haut unanimement renaître dans la cornue féconde où tonne un chef irrésistible

V

BERTHE

Quelle soirée quelle affreuse soirée me voilà enfin
seule Jacot enfin a fini par s'endormir pauvre petit nerveux
écorché vif ((petit égoïste qui ne pense qu'à lui comme si
moi sa mère je ne comptais pas comme si je n'avais pas
moi aussi le droit d'essayer d'être heureuse)) quelle affreuse
horrible soirée   Tu as été punie Berthe tu ne pensais
qu'à toi alors que ton père était sur les planches durant la
veillée au corps de ton propre père tu ne pensais qu'à
Roberto (tous ces yeux qui nous rgardaient Roberto et
moi au Salon tous ces gens hostiles qui nous épiaient et
qui chuchotaient   ils le savent ils savent tous que je
suis la maîtresse de Roberto)   Quelle atroce soirée Jacot
qui s'agitait qui ne tenait pas deux secondes en place
(et c'est maman à la fin qui a dû s'occuper de lui c'est
vers elle qu'il est allé quand il a voulu sortir   ce petit
est trop attaché à sa grand-mère ce n'est pas sain —
crispation — je ne m'occupe pas assez de lui je le négli-
ge)   Tout le long de cette crispante veillée au corps
(ton propre père Berthe aux yeux secs ne l'aimais-tu pas

107

ne l'as-tu donc jamais aimé) assise à côté de Roberto
je me disais   à genoux à côté de Roberto en récitant
le chapelet je me disais   debout à côté de Roberto en
face de l'abbé Latour (qui disait « Jacot est un petit
homme ») je me disais « après la veillée au corps je
vais coucher avec Roberto il va venir chez moi je vais
sentir sa peau contre la mienne le picotement de sa
moustache la pression de ses lèvres contre les miennes »   Mais quelle crucifiante fin de soirée (les gens
nous lorgnaient ils nous déchiquetaient du regard) maman
passant à côté de moi et détournant la tête (mais a-t-elle
vraiment détourné la tête) Jacot la tirait (si elle a détourné
la tête c'est que Jacot la tirait) petit égoïste petit vindicatif
qui cherche toujours à me faire enrager je lui avais pourtant bien dit « Jacot tu m'entends si tu as besoin de sortir
c'est à moi que tu demanderas »   Pauvre petit il
dort maintenant il dort enfin cette soirée n'a pas été plus
facile pour lui que pour moi il dort dans son petit lit
et moi me voilà tristement seule à me bercer dans cette
berceuse ((celle où papa s'assoyait quand il venait mais il
ne venait pas souvent)) dans cette cuisine démodée dépri-
mante (mais quand aurai-je maintenant assez d'argent pour
remplacer comme Anita mon mobilier) seule dans cette
berceuse de rotin que maman m'a donnée quand nous
nous sommes installés ici Albert et moi (mais Albert est
parti bon débarras   s'il voulait revenir je lui claquerais
la porte au nez avec quel plaisir je la lui claquerais sur
son nez camus de gorille) dans cette ancienne berceuse
de rotin   enfin chez moi parmi mes meubles familiers
(la lampe au pied globuleux où brûle une ampoule jaune
chasse-moustique le crucifix cireux de plâtre avec ses
gouttes de sang écarlate qui jaillissent des paumes et cou-

lent de la plaie pectorale la table recouverte de sa rugueuse
toile brune plastifiée les quatre chaises à pattes tubulaires
de chrome) mais je suis seule quel horrible terrible retour
depuis le salon funéraire (nerfs tendus comme des cordes
tiraillements dans le bas-ventre comme un serpent tendant
puis relâchant tendant puis relâchant ses anneaux) quel
affreux retour Jacot disant « je suis fatigué porte-moi »
moi lui disant « voyons Jacot sois raisonnable maman est
fatiguée » Jacot répétant « non non non » de plus en plus
fort criant dans l'antichambre du salon funéraire « non
non non je ne veux pas marcher » (les hypocrites langues
de vipère nous regardant et chuchotant) Roberto à côté
de moi me disant « jé peux lé porter si tou lé veux »
Jacot trépignant hurlant « non non non je veux pas qu'il
me porte » — nerfs tendus comme des cordes coups de
lancette dans le bas-ventre — ((si nous n'étions pas Albert
et moi rentrés en goguette de ce match de hockey   si
je ne m'étais pas endormie sur le dos jusqu'au matin
Jacot n'aurait jamais existé))   Alors moi faible et
maigre Berthe en cette vigile involontaire me voilà seule
femme abandonnée dans la pénombre parmi mes meubles
étranges et familiers (combien d'heures reste-t-il avant
l'aube combien de temps le sommeil lièvre bondissant
dans les ténèbres combien de temps va-t-il me fuir) in-
volontairement seule dans cette berceuse au mesquin roulis
claustrophobique j'entends les petits geignements piaule-
ments de Jacot dans son sommeil cahoteux (jeune animal
piégé prisonnier de son angoisse   issu de moi chair de ma
chair) mais je sens dans les tréfonds de ma chair maigre
femelle en chaleur — culpabilité — dans mes profondeurs
abdominales Roberto son dur membre érectile vipère aveugle serpent marin   va-et-vient (érogène) de la berceuse

en cette vigile involontaire de la veillée au corps au mort
ô père anéanti sombré où dans quel abîme (monté où vers
quelle béatification problématique)

Réfléchissons réfléchis Berthe (maigre fille décharnée
petite fille chétive et monstreuse) réfléchis sois réaliste et
calme cherche trouve la solution en cette nuit d'insomnie
(c'est tout ce café bu tasse après tasse au Salon c'est la
mort de papa tasse après tasse pour garder contenance
au salon   tous ces gens qui vous reluquent ces hypocrites
condoléances ces serrements de main   mais je n'aurais
pas dû en boire tant me voilà condamnée maintenant à
passer la nuit blanche et ça va recommencer demain et
ensuite après-demain les funérailles et ensuite) — crispation
anxiété — ensuite de nouveau le bureau Mlle Pelchat qui
me surveille comme le chat la souris   vais-je pouvoir
tenir le coup rester alerte et éveillée   la Pelchat la vache
n'aimerait rien tant que de me faire mettre à la porte
et de donner mon emploi à sa nièce (et ai-je eu assez de
peine à le trouver cet emploi ce job maudit   jour après
jour courant d'un bureau à l'autre d'une agence de pla-
cement à l'autre après le départ d'Albert quand j'ai vu
qu'il ne reviendrait pas)   la Pelchat la vache vieille fille
constipée (aux étrons secs comme des chicots) si jamais
je la tiens elle va le payer cher ((je lui arrache sa jupe sa
culotte je saisis une règle un fouet)) — tressaillement —
N'ai-je pas entendu un bruit dans la chambre de Jacot
un craquement un gémissement   non   tout est calme
tout est silencieux cesse donc de t'inquiéter de délirer Berthe
frissonnante cesse de faire l'enfant   quitte cette antique
berceuse au roulis malsain profite de cette insomnie —
punition culpabilité — pour penser sérieusement à l'avenir
(fille aux yeux secs en face du cadavre de ton père) à

ton avenir (avec Roberto) à celui de Jacot surtout oui oui
(mauvaise mère) à celui de Jacot par-dessus tout

Je me lève et me secoue je passe devant le crucifié
au sang giclant à pas de loup je me dirige vers la chambre
du petit je me penche sur le lit du petit qui repose enfin
à peu près tranquille pauvre petit après toutes les émotions
de la journée après la frénésie les cris les trépignements
de la fin de la soirée (je n'aurais pas dû l'amener au
Salon mais il aimait papa mais à qui le confier il aurait
renâclé vociféré en me voyant partir) — colère rancœur —
petit égoïste c'est à cause de lui   caractère de chien
c'est de sa faute si je suis maintenant crispée insomnieuse
autrement Roberto serait resté ici ((si seulement ce soir
d'hiver Albert et moi n'étions pas rentrés à moitié saouls
Jacot ne serait pas né)) autrement je me serrerais contre
Roberto je sentirais la peau de Roberto contre — non non
chasser la pensée de Roberto   Qu'il dorme qu'il repose
en paix le pauvre petit écorché vif chair de ma chair
il n'a pas demandé à naître   qu'il se repose   que ses
pauvres nerfs ébranlés récupèrent un peu de calme

Précautionneusement sur la pointe des pieds puisque
le sommeil me fuit je retourne à ma berceuse en face de
l'ampoule safranée que surplombe un crucifié sanglant
(calme mon angoisse ô berceuse innocente héritée de maman)   Et toi Berthe fille anxieuse et mère tourmentée
songe à ton fils à son petit cœur jaloux et volcanique
réfléchis réfléchis (plonge à l'intérieur de son corps de son
cœur d'écorché vif)   N'est-ce point depuis le départ d'Albert — rancœur — depuis que je travaille à l'extérieur —
nécessité — ((je dénude la Pelchat la vache je saisis une
cravache je la cingle de coups sifflants)) n'est-ce pas donc
depuis que maman garde Jacot — oui oui lumière pro-

111

gressive et douloureuse — c'est depuis lors que mon petiot pique ces épouvantables crises de rage (suivies de longues bouderies culpabilisantes)   il est temps que tu vieillisses Berthe tu as vingt-neuf ans il est temps que tu voies clair (insomnieuse nuit élucidante) — sursaut suspension respiratoire — *Maman monte le petit contre moi et contre Roberto*   c'est là l'arme c'est le biais qu'elle a trouvés pauvre petit Jacot sans défense à la sensibilité nourrissonne à l'esprit spongieux absorbant tout avalant les préjugés de la vieille femme   comme moi jadis comme moi naguère — révolte crispation — « quand on est marié ma fille on est marié c'est pour la vie ma fille il faut supporter les épreuves que le bon Dieu nous envoie »   elle voudrait elle aurait voulu c'est sûr que je passe ma vie sans homme toute seule à me débattre à me ronger les sangs   quand elle a appris qu'Albert avait décampé elle était en un sens contente (je l'ai vu dans ses yeux) « je te l'avais bien dit ma fille ma fille quand on se marie c'est pour longtemps »   elle a beau jeu maintenant d'entortiller Jacot de lui monter la tête contre moi contre Roberto vieille femme critiqueuse ((comme si elle avait rendu papa heureux)) vieille génitrice insatisfaite pleurant en secret le départ l'avilissement de son chouchou Julien (gâté jusqu'à la moëlle transformé en beatnik haillonneux et nauséabond) elle a (elle aurait) beau jeu (si je laissais Jacot à sa garde) de lui imbiber la cervelle de préjugés   vieillarde insatisfaite confite en religion frustrée de son chouchou de fils et se rabattant sur son petit-fils le circonvenant peu à peu tissant autour de lui ((à la façon d'un insecte baveux)) un cocon de préjugés d'un autre âge en ai-je assez souffert ((Berthe méchante fille fielleuse cherchant à dévorer le sein originel))

112

maintenant que papa est mort (sans le contre-poids de l'influence de papa que Jacot aimait tant) ce sera (ce serait) encore pire   maman aura (aurait) le petit tout à elle Jacot deviendra (deviendrait) mon ennemi cervelle avide absorbant tout il me jugera me condamnera crises de rage trépignements longues bouderies insupportables (moi aussi j'ai droit à la vie au bonheur)   Libérer Jacot des griffes (méchante fille ingrate) soustraire Jacot à l'influence de la vieillarde (son masque désapprobateur ses airs de martyre ses condamnations sans appel) en ai-je assez souffert mon Dieu ai-je été assez tourmentée par ce mélange pâteux poisseux bourbier où l'on s'enfonce sables mouvants contre lesquels en vain on se débat — bourdonnements auriculaires —   N'ai-je rien entendu Jacot ne s'est-il pas plaint dans son sommeil (combien de fois par nuit ces derniers temps ne m'a-t-il pas fait lever nuits cauchemardesques réveils pâteux céphalées matutinales ça ne peut quand même pas continuer ainsi indéfiniment)   j'interromps les bercements les piaillements de la berceuse je tends l'oreille   pourvu qu'il ne mouille — crispation rageuse — pourvu qu'il n'ait pas mouillé son lit une fois de plus (couches qui sentent l'urine caleçons bosselés de crottes fesses badigeonnées de merde) il le fait exprès c'est pour se venger ((si seulement nous n'étions pas rentrés à moitié saouls Albert et moi par cette nuit d'hiver)) — pouls accéléré vision floue du crucifié livide — je n'entends rien   tout est calme   le petit dort (pauvre petit écorché vif qui n'a pas demandé à naître) c'est maman qui le monte contre moi   sois réaliste Berthe vaincs ton égoïsme   le bien-être des enfants doit passer avant celui des parents avant celui des grands-parents (maman dira ce qu'elle voudra) — Christ contorsionné clous à tête pyramidale fichés dans les

regret

113

paumes plaie béante sanglante au côté   me débarrasser
de cet affreux chromo — maman dira ce qu'elle voudra
l'avenir de Jacot doit passer avant tout   Je vais demander
à Anita (combien de fois Berthe méchante mère égoïste
combien de fois n'as-tu pas eu cette pensée et combien
de fois par orgueil mal placé ne l'as-tu pas chassée) je
vais demander à Anita (quoi de plus naturel que de demander un service à une sœur aînée)   mais aurai-je le
courage d'aller chez Anita et de lui dire « ma bonne
Anita ma chère Anita écoute j'ai un service à te demander » aurai-je la force la simplicité de lui parler un peu
à cœur ouvert comme à une sœur (Berthe maigre puînée
impécunieuse envieuse de son aînée grasse et cossue) de
lui déclarer simplement « écoute Anita je suis en mauvaise
posture j'ai besoin de toi aide-moi »   (mais pourquoi
n'ai-je personne d'autre à qui je puisse demander un service   où sont mes amies d'autrefois — infériorité écrasement — mieux mariées que moi elles sont heureuses
la voix de maman « cette Berthe c'est une renfermée une
orgueilleuse une envieuse elle n'en fait qu'à sa tête »)
pourquoi depuis les temps lointains si lointains du couvent
n'ai-je su n'ai-je pu à personne me confier ouvrir entr'ouvrir mon cœur depuis Yvette Godin — malaise tention —
vive consœur aux gestes menus et prestes de souris aux
yeux noirs gourmands de vie aux minces lèvres mobiles
contractiles mais elle est partie — fatalité déréliction —
penser à autre chose — culpabilité — penser à quelqu'un
d'autre à Roberto Jacot maman à Julien maman Jacot à
Roberto Jacot Anita l'abbé Latour
    Ma bonne Anita ma chère Anita (les bercements quand
même apaisants de la berceuse) laisse-moi (en moi) te
parler laisse-moi me confier à toi   le petit mon petit Jacot

114

j'en suis sûre est malade   ces cris trépignements crises de
rage longues bouderies ruminations moroses   il est malade
(ou sur le point de devenir très malade) alors j'ai pensé que
ce pauvre petit à ton contact en ta compagnie il se calmerait
peut-être   toi si calme toi si douce écoute-moi jusqu'au
bout   sois patiente   je suis inquiète troublée désemparée   écoute-moi grande sœur aînée (toi toujours si sage
si docile   en un sens écho de maman mais en plus doux
en plus compréhensif) toi si sécurisante si tranquillisante
qui as si bien élevé tes deux enfants ((Jacot diablotin
grimaçant et vicieux)) toi qui as si bien élevé Josette et
Jean-Denis ((mais ce sont deux mollassons somnambuliques)) écoute-moi je suis inquiète pour le petit pour moi
pour Roberto   non non sois sans crainte je connais tes
idées là-dessus ((minable calque de maman)) je ne te parlerai pas de Roberto — vengeance rancœur — ((l'Anitouche
apathique sommeillant au centre de sa graisse de sa bour-
soufflure a-t-elle jamais aimé   ayant à dix-huit ans épousé
Charles cette autre pâte molle ce triste quadragénaire adi-
peux disparu depuis tant d'années avec ses bajoues trem-
blotantes son teint cireux et maladif l'Anitouche a-t-elle
jamais connu la jouissance   grosse fille jouffue grosse
femme bovine ne recevant chez elle que le sentencieux
vicaire Latour   comment aurait-elle pu connaître ces
archipels affolants de baisers désirs de crier de hurler que
Roberto sème sur mon corps moi méchante mère égoïste
maigre fille lubrique))   ma bonne Anita ma chère
Anita je vais te parler seulement de Jacot   et un peu
de moi un peu de moi car il dépend de moi ce pauvre
petit   si je ne peux tenir le coup ((et sans Roberto je ne
peux pas je ne pourrais pas je ne pourrais pas)) si je
ne peux m'occuper du petiot avec sérénité il va continuer

à piquer ces frénétiques crises de rage   mais ce n'est
pas seulement à cause de ma nervosité qu'il est ainsi
écoute sois patiente ma bonne Anita ma chère Anita
(j'ai peut-être été à l'occasion irrespectueuse envers maman je le reconnais mais attends laisse-moi finir) un enfant
un petit garçon de cinq ans toute la journée avec une
vieille femme (car maman est une vieille femme) qui lui
raconte Dieu sait quoi ce n'est pas sain toute la journée
jour après jour (il faut voir clair) une vieille femme figée
dans ses vues racontant à un petit sans défense des histoires d'un autre âge — ne dis pas non je sais ce que
je dis tu devrais entendre Jacot quand il revient à la
maison le soir les balourdises qu'il me sert — (la grosse
poire pincera les lèvres elle prendra un air scandalisé
singeant maman jusque dans ses moindres tics   comment
ai-je jamais pu songer à me modeler sur ce mollusque)
Anita écoute-moi pour une fois dans ta vie tâche de
voir un peu les choses telles qu'elles sont   maman est
maintenant une vieille femme   mettons une femme vieillissante ayant en tout cas depuis longtemps laissé derrière
elle la ménopause   écoute   il faut regarder la réalité en
face quand il s'agit de maman tu n'as jamais voulu rien
voir ((obtusité incarnée oie ridicule confite dans sa graisse
et ses préjugés lécheuse de soutane ne songeant qu'à
s'empiffrer avec l'abbé Latour)) (mère poule couveuse avec
ses deux engourdis ses deux abrutis d'enfants Jean-Denis
sa tignasse de clown son nez camus de nègre son œil
globuleux de ruminant   Josette éternelle queue de classe
son sourire niais cheveux filasses jambes taillées comme des
cylindres gros derrière poitrine déjà ballotante   deux
lourdauds empêtrés de leurs membres   trop crétins même
pour s'apercevoir qu'ils ont atteint l'âge de la puberté)

quel contraste avec mon Jacot mon cher petit Jacot qui est vif comme la poudre éveillé pétillant de vitalité (comme moi comme moi) il ira loin sa nervosité ses crises vont passer il deviendra médecin avocat grand savant premier ministre (Anita verra elle verra plus tard)   alors que sa Josette son Jean-Denis — il n'est pire eau que l'eau qui dort — un beau jour ça va éclater *bang* ils ne perdent rien pour attendre   la puberté va finir par les saisir   je ne leur souhaite pas les pauvres mais ça aura couvé trop longtemps   tout d'un coup *bang*   une explosion comme chez Julien (le chouchou à maman l'écolier parfait le premier de classe le collégien impeccable maintenant voyou en guenilles vagabondant en compagnie d'une salope nauséabonde)   Non non   Penser à autre chose   J'aimais Julien je l'aime encore en somme   il est mon frère Josette et Jean-Denis sont mes neveux (rien de catastrophique ne va leur arriver ils vont mener une vie terne et sans histoires)

Ma bonne Anita ma chère Anita si douce si tranquillisante sais-tu quand dans quelles circonstances m'est venue l'idée s'est imposée à moi l'idée de te demander ce service toi si fiable si compréhensive   c'est la dernière fois que te t'ai rendu visite voilà déjà longtemps assez longtemps (nous ne nous voyons pas assez c'est certain pour deux sœurs habitant la même ville c'est presque honteux) tu t'en souviens peut-être c'était un samedi après-midi   quel autre jour que le samedi ou le dimanche puis-je en effet sortir   rivée comme un forçat toute la semaine à mon siège de réceptionnaire toujours obligée de sourire de me montrer aimable envers les téléphoneurs visiteurs clients solliciteurs commis-voyageurs   forcée de sourire même quand j'ai des fourmis des crampes dans

117

les jambes dans les cuisses   sous la surveillance incessante du patron et surtout de sa secrétaire Denise Pelchat
une sadique de la pire espèce   elle me fait espionner j'en
suis sûre   il me faut lui demander la permission pour
quitter mon poste quand j'ai envie   des fois je me
retiens j'ai des poignards dans le ventre dans la vessie
au moindre prétexte la Pelchat me fait venir à son bureau   « Il paraît que vous n'êtes pas de bonne humeur
aujourd'hui des clients se sont plaints nous ne pouvons
pas tolérer ça des réceptionnistes vous savez c'est pas
difficile à trouver »   tu ne sais pas tu ne saurais
t'imaginer Anita toi si bonne si douce tout ce qu'il me
faut endurer   toi qui n'as qu'à rester confortablement
chez toi et qu'à faire cuire des petits fours pour l'abbé
Latour (tant mieux pour toi je ne t'en veux pas   s'il
fallait tenir compte des langues de vipères on ne ferait
jamais rien) ce samedi après-midi chez toi lors de ma
dernière visite tout était si calme si agréable Jacot jouait
si gentiment avec Josette et Jean-Denis qui sont de si
bons enfants je me disais — sursaut tension —
        N'ai-je point de nouveau entendu gémir et s'agiter le
petit   entendu les craquements lugubres du sommier —
buste incliné mains crispées sur les bras d'osier de la
berceuse j'écoute souffle suspendu je tends l'oreille — qu'est-
ce qu'il a ce petit mon Dieu faites qu'il soit normal
mais sûrement il y a quelque chose qui cloche surtout
depuis le départ la désertion d'Albert   le butor le sans-
cœur parti sans crier gare sans songer au petit sans explication   ce chiffon de papier graisseux que je suis venue
à deux doigts de jeter sans le lire laissé sur la commode
et traînant depuis trois jours « J'en ai assé je m'en va »
le goujat le malotru sans une pensée pour son fils « J'en

ai assé je m'en va   Y a 480 piastres dans le tiroir j'en
garde cinquante Albert »   le saligaud le sauvage jamais il ne se civilisera je le savais depuis longtemps depuis
six ans que j'essayais en vain de lui donner des manières
j'aurais dû m'attendre à tout ((si tu avais suivi les conseils
de ta mère Berthe rien de tout cela ne serait arrivé   tu
l'as voulu Berthe fais ton mea culpa))   mais moi je peux
me défendre je suis une adulte   mais le pauvre petit
Jacot que deviendra-t-il   je peux me tirer d'affaire même
à mon travail même contre cette vache de Pelchat   je
guette ma chance j'attends mon heure ((un soir au bureau
je me cache dans le vestiaire derrière le porte-chaussure
blottie dans le coin j'attends que tout le monde sorte   je
me suis munie de fausses clefs je pénètre dans le bureau
de la vache j'ouvre le classeur en silence en silence je
m'empare d'un dossier confidentiel *top secret* dont Monsieur
Robert a besoin tous les jours je l'emporte chez moi j'y
mets le feu je le regarde brûler se tordre dans les flammes
devenir un déchet calciné que j'écrase sous mon talon
le lendemain une Pelchat hirsute et catastrophée erre ha-
gardement de par le bureau le patron l'accable d'invectives
il la dégrade sans merci   elle devient standardiste-ré-
ceptionniste   c'est moi qui la surveille implacablement
elle tremble sous mon regard)) — choc de mes pieds brusque
arrêt des bercements — quand donc pourrai-je dormir quand
donc me détendre me reposer   Voilà qu'une fois de plus
je me lève une fois encore sur la pointe des pieds je
passe devant le crucifié giclant et pénètre dans la pénombre
de la chambre   immobile statue près du lit j'écoute
je tends l'oreille — bond cardiaque dans ma poitrine —
respire-t-il encore n'est-il pas mort dans son sommeil
mon cœur remontant à ma gorge j'étouffe je me penche

au-dessus du lit   merci mon Dieu il respire je respire
il fait un mouvement il gémit un peu je me redresse
j'aspire l'univers dans ma poitrine dans mes poumons   la
mort de papa nous a tous épuisés ébranlés   il respire
merci mon Dieu les jambes laineuses le corps couvert de
sueurs la cervelle oscillante je m'assieds au chevet de mon
enfant (méchante mère tout à l'heure il a geint et tu n'es
pas venue tu as continué là-bas à rêver à Roberto) délicatement je remonte la couverture sur sa petite épaule j'en
calle un repli contre son petit dos   Jacot chair de ma chair
déchirement de tendresse déchirement de ma chair à sa
naissance (on me déchire on me laboure on me fend
boucherie catastrophique fin du monde quartiers sangui-
nolents de bœufs pendus à l'étal des bouchers) de quoi suis-je
punie pour quel crime châtiée pauvre fille pauvre femme
osseuse et maigre à la peau cireuse aux seins à peine
dessinés aux fesses à peine arrondies aux jambes sans
mollets
   A seize à dix-sept ans se regardant dans la glace
pivotant lentement devant la psyché pour se pénétrer de
sa laideur de sa maigreur   enviant sa grosse grasse sœur
aînée déjà mariée déjà enceinte enviant le chouchou
Julien sur les succès scolaires de qui se pâmait la mère
moi aussi je me marierai mais je n'épouserai pas un
mollusque comme le Charles à Anita   moi aussi je réussis
bien en classe mais est-ce que ça compte   pour maman
une fille les succès d'une fille est-ce que ça compte
Maigre Berthe adolescente décharnée rentrant peu à peu
en elle-même se bardant contre les autres obstinée acharnée
piochant son latin sa littérature française (en compagnie
d'Yvette   son masque rieur ses petits gestes menus de
souris   un soir chez elle sur le canapé ses gestes

120

non non penser à autre chose) maigre couventine obstinée piochant son histoire son algèbre   accumulant les succès en classe (mais quand on est laide est-ce que ça compte est-ce que rien compte)   Berthe talentueuse se regardant dans la glace se disant « je réussis en classe presque aussi bien que Julien   sans ces corvées ménagères que maman m'impose (une fille pour elle c'est une servante) j'égalerais je surpasserais le chouchou Julien »   Berthe ambitieuse pivotant lentement devant sa psyché   « je ferai un plus beau mariage que la grosse Anita »   adolescente élancée à la figure intéressante (celle-là elle ira loin elle n'a pas dit son dernier mot) beauté racée peu à peu se dégageant dont la chair sous la peau peu à peu s'affermit dont les seins peu à peu dont les fesses discrètement s'incurvent dont la démarche féline et souple allume au passage les yeux des mâles   « Oui je ferai un beau mariage je n'ai besoin de personne ((Yvette Godin trahison déménagée aux U.S.A. punition refouler refouler)) je suis normale et désirable je n'ai besoin de personne je ferai un mariage superbe un mariage étonnant »   Albert ((mufle goujat avec quel plaisir s'il revenait je lui claquerais la porte au nez)) Albert Laverdure corps athlétique et ferme durs muscles qui sous la peau circulent et se tendent quand il empoigne le bâton de baseball regard assuré masque d'archer antique sous la visière de la casquette   quand il s'élance et claque un circuit détonnation sèche et nette se répercutant dans les gradins les spectateurs crient hurlent je crie je hurle applaudissent j'applaudis bondissent de leur siège je bondis je suis importante élégante sportive amie d'Albert Laverdure   Albert bourré matelassé épaules démesurément bombés démarche de robot de canard avant d'atteindre la patinoire   mais sur la glace

121

miroitante vélocité prestesse prestigieuses athlète surhumain indestructible il culbute implacablement des types des pantins à chandail blanc   ne va-t-il pas se blesser se démolir recevoir un coup de bâton une rondelle dans la figure mais non il se relève il fonce il s'élance les gens hurlent je hurle je m'égosille fille à la poitrine à la croupe déjà plus arrondies les gens vocifèrent gesticulent je vocifère je gesticule il le faut je le dois (longueur des matches toujours semblables inconfort des sièges humidité qui vous pénètre jusqu'à la moëlle) Albert homme important héros fêté cajolé   sans instruction mais après les noces je lui ferai suivre des cours du soir je vais le styler le policier   livreur d'eaux gazeuses humiliation (Charles col blanc) mais la situation va s'améliorer je l'aime je vais l'épouser — crispation — voix de maman « quand on se marie ma fille c'est pour longtemps penses-y à deux fois ma fille » — écrasement — j'ai été (ne le suis-je plus) stupide et bête (je n'ai jamais aimé Albert) femme aux mamelles aux fesses plates gonflée seulement d'orgueil et d'entêtement ((voulant oublier Yvette partie à Boston non non)) Berthe idiote et naïve   un gorille au crâne d'oiseau n'ayant que l'instinct de se faire aller bras et jambes peut-il s'instruire acquérir des manières   dressable au fouet peut-être à la banane et au gourdin « si tu fais ceci je te donne une banane sinon un coup de gourdin »   (pan pan claquement sec sur le crâne épais et vide)   butor incapable même de s'attacher à sa progéniture (pauvre petit Jacot pauvre petit orphelin)   Albert est parti tant mieux bon débarras   sans manière jusqu'au bout indécrottable gorille ne sachant même pas l'orthographe (« J'en ai assé je m'en va »)   s'il revenait bras ballants (démesurés comme ceux des singes) tête basse l'air

contrit avec quel plaisir je le mettrais à la porte avec
quelle jubilation je lui claquerais la porte sur son museau
simiesque   Il sonne (vêtements défraîchis col crasseux
chapeau à la main) j'entr'ouvre (chaîne de sûreté soli-
dement en place) je lui lance un regard surpris méprisant
« adressez-vous à la Saint Vincent-de-Paul mon bon »
ou bien   « avez-vous votre permis de mendicité Monsieur »   Non non   il sonne (figure hâve barbe d'une
semaine chapeau bosselé) j'entr'ouvre (Jacot est chez maman
non il est chez Anita) je lui donne je lui jette par terre
une pièce de vingt-cinq cennes   « vous devriez vous raser
mon bon et enlever votre chapeau vous feriez plus d'argent »   non   ne pas dire un mot   indifférence ab-
solue   j'entr'ouvre je l'aperçois je lui montre du doigt
l'écriteau *Pas de corporteurs   Pas de mendiants* je referme la porte sans desserrer les lèvres   calme et glaciale —
rage rancœur — Comment le pourrais-je comment rester
calme en face de ce butor qui sans un mot abandonne sa
femme et son enfant   sans donner une seule raison prend
lâchement un beau matin la poudre d'escampette   ah
s'il revenait s'il essayait de revenir avec quel plaisir je
lui lancerais à la figure « salaud sans-cœur dégoûtant »
Non non   penser à autre chose   il est parti tant mieux
bon débarras le salaud le sans-cœur parti sans raison aucune — doute malaise — (voix de maman mais elle est
vieille elle radote elle divague « tu lui plaques ça trop
directement sur le nez à ton Albert ma fille   avec les
hommes ma fille même quand ils ont mille fois tort il
faut biaiser ruser prendre des détours »)   Penser à autre
chose penser à autre chose   cette histoire est finie
classée je n'ai pas besoin d'Albert   pas besoin des conseils de maman (elle radote elle divague elle a les préjugés

de son âge d'un autre âge) je suis adulte je peux me tirer
d'affaire ((la Pelchat se fait enguirlander dégrader par
Monsieur Robert je la surveille elle tremble devant moi))
je peux me défendre je suis une adulte   Et puis j'ai
Doberto   Roberto m'aime il m'adore   Sa fougue convul-
sive quand il plante en moi son sexe dur comme un
pieu sa langue quand   Non non   Sortir de cette
chambre qu'est-ce que je fais ici debout dans le noir
sortir tout de suite de peur de déranger le petit qui a le
sommeil si léger mais qui dort maintenant si calmement
si paisiblement (avec son minuscule petit sexe mou entre
les jambes   non non)   Retourner à ma chaise   A pas
de loup je contourne le lit dans la pénombre je gagne la
porte   sur la table de la cuisine brûle la jaune ampoule
chasse-phalène que surplombe un crucifié livide et sanglant (l'enlever de là le remplacer par une image profane)
Comme cette ampoule hypnotique tu brûles maigre Berthe
allumée jusqu'au paroxisme ((petite ampoule clitoridienne))
électricité frissonnante me parcourant le corps les membres
(c'est tout ce café bu au salon funéraire c'est la tension
l'énervement de la mort de papa à qui — culpabilité —
je ne peux pas penser peux pas penser)   Vivement
je m'assois dans la berceuse (fonds de rotin pressant contre
mes fesses crispées) prestement je croise les jambes et me
donne un élan du bout de ma rose pantoufle touffue
(changer ce Christ pour une reproduction profane)   Roberto m'aime il m'adore — bercement bercement   légère tension — (Jacot peu à peu va apprendre à l'aimer calmé par
l'atmosphère du foyer d'Anita soustrait à l'influence de maman voyant Roberto moins souvent mais peu à peu s'ha-
bituant à lui peu à peu il va le considérer comme un
ami comme un père) je vivrai avec Roberto nous vivrons

124

ensemble il me protégera je le protégerai pauvre Roberto
exilé loin des siens loin de sa patrie il n'a que moi il a besoin
de moi — bercement bercement jambes durement croisées
pression du rotin entrelacé contre mes fesses bercement
bercement — « j'ai bésoin dé toi Berthe   Berthe jé né
peux pas vivre sant toi »   « moi non plus Roberto moi non
plus »   Dans ma main sa verge dure chaude bandée
comme un arc je serre elle se gonfle se distend je desserre
un peu elle palpite et me répond rythmiquement je serre je
desserre je serre je desserre animal érectile intelligent
vivant de sa vie propre à un rythme accéléré je serre
desserre plus vigoureusement je serre desserre serre desserre serre   vivement je porte l'autre main à ma bouche
qui secrète une épaisse salive   de l'index et du pouce j'en
badigeonne le gland rosâtre totalement libéré de sa gangue
(écartement forcé de mes cuisses soumission frémissante)
d'un coup de rein brutal il plante et moi le pieu souverain   de douleur de plaisir je me cabre m'affaise me cabre
m'affaise   gémissements râpeux lambeaux de phrases obscè-
nes croupe emportée dans un galop frénétique   « je t'aime
Roberto Roberto je suis à toi fais de moi ce que tu voudras
clouée sous toi par toi je suis ta chose »   pétrissement douloureux quasi douloureux de mes fesses toutes menues entre
ses énormes mains calleuses de tailleur de pierre ses doigts
puissants serres tenailles qui s'enfoncent dans ma chair je
suis prisonnière enchaînée crispée à la limite du tolérable
plaintes gémissements « tu me fais mal Roberto »   mais
il ne relâche pas il relâche à peine lui d'ordinaire si doux
il me tient tendue à la limite du tolérable sa voix rauque
rocailleuse   « j'aime quand tou les dourcis comme ça
Berthe si petites entre mes deux mains   contracte contrac-
te-toi dourcis encore encore encore »   je me tords me cabre

125

je bondis cavale piquée par l'éperon vais-je tenir jusqu'au
bout je vais mourir je me meurs   « Roberto mon maître
implacable adoré je t'aime je suis à toi je suis ton
esclave »   « né bouge plus petite Berthe né bouge plus »
« non Roberto je ne bougerai pas pour toi mon maître
adoré pour toi je vais tenir jusqu'au bout arquée comme
un pont rigide et brûlante je vais tenir jusqu'à l'inconscience
jusqu'à l'anéantissement »

N'ai-je pas crié n'ai-je pas gémi bestialement   je
m'arrête cœur galopant maigre carcasse couverte de sueurs
dans cette berceuse primordiale j'écoute l'oreille au guet
devant ce crucifié livide   C'est le petit qui gémit longuement — coup de lancette au cœur — c'est toi Berthe chienne
salace mère sans entrailles qui l'as réveillé c'est ton cri
de femelle en rut qui a fait brutalement sursauter ton
petit   il se défend à sa façon le pauvre petit innocent
((petit sadique petit égoïste qui voudrait me sucer tout mon
sang toutes mes énergies)) dévoré lui aussi d'une passion
féroce mauvais sang le sien le mien celui d'Albert (gorille
ne comprenant que la règle du gourdin et de la banane
ayant engendré une petite brute qu'il faudrait dresser
dompter à coups de fouet) mauvais sang le sien
le mien celui qui coule mensuellement au rythme de la
lune déchet noirâtre et poisseux dont le petit dans mon
ventre s'est nourri qu'il a pompé aveuglément avidement
du fond de mes ténèbres pauvre petiot pendant dix mois
lunaires prisonnier habitant involontaire d'une carcasse
languissante et anémique puis projeté éjecté hurlant de
peur hoquetant étouffant de panique dans un monde féroce
implacable pauvre petiot maintenant sans père (abandonné
par l'obtus gorille préhistorique indifférent à sa semence)
je ne m'occupe pas assez de lui je ne l'ai jamais assez

dorloté caressé rassuré maigre mère aigrie à la poitrine plate aux mamelles insuffisamment lactifères portant de mauvais gré son fardeau son intrus (après avoir toléré enduré en elle l'intrusion d'Albert) et tout cela pourquoi pourquoi pour mettre au monde un enfant malheureux   mon Dieu protégez-moi ayez pitié de moi de nous (mais non Berthe à quoi bon tu ne crois pas en Dieu)   De nouveau le gémissement de Jacot me transperce je bondis de mon siège je trottine angoissée vers la chambre (mon Dieu faites qu'il ne soit pas malade) je m'arrête à mi-chemin j'écoute Nul bruit   tout est silence   Qu'est-ce qui me crispe qu'est-ce qui m'affole ainsi   que vais-je devenir   je n'étais pas faite pour être mère pour être femme je suis anormale (angoisse ancienne envie féroce envers Julien envers tous les hommes)   Mais non Berthe tu t'affoles tu t'angoisses en vain tu es normale tu méprisais Albert l'épais gorille le rustre des cavernes quoi d'étonnant que tu n'aies jamais joui avec lui   Femme complète normale ((mais Yvette)) tu deviendras meilleure mère quand les choses se seront peu à peu arrangées avec Jacot et Roberto

Ma chère Anita ma bonne Anita n'est-ce pas que tu vas garder Jacot qui deviendra plus calme grâce à ta présence tranquillisante sécurisante   tout va s'arranger je suis normale   avec Roberto je me comporte pleine-ment en femme (mais Yvette) ce n'est qu'un mauvais moment à passer   Profiter de la mort de papa pour faire comprendre à maman qu'elle ne peut plus garder Jacot Lui dire (oui oui) — lumière soulagement — lui dire que Jacot a peur de retourner là depuis la mort de son grand-père   peu à peu les choses vont s'arranger

Assise de nouveau dans mon antique berceuse de rotin je me sens plus calme je me sens presque sereine   tout va s'arranger demain après-demain dans quelques jours (quand le branle-bas des funérailles se sera apaisé   pauvre papa je ne sens rien maintenant presque rien mais je l'aimais bien je me connais le chagrin va me saisir plus tard tout va rentrer dans l'ordre tout va se normaliser) dans quelques jours je vais parler calmement tranquillement à Jacot je vais lui faire comprendre que c'est Roberto qui va maintenant être son papa   bientôt nous allons vivre heureux tous les trois ensemble je vais montrer à maman que je suis capable de garder auprès de moi un homme que j'aime (pourquoi aurais-je dû me forcer pour garder Albert pour plaire à ce rustre   au fond j'ai tout fait pour l'éloigner je souhaitais secrètement son départ sans me l'avouer tout à fait)   Naturellement maman va protester tempêter (elle avec ses préjugés d'un autre âge) quand Roberto s'installera ici (« encore un coup de tête tu n'apprendras jamais ma fille   je t'avais pourtant prévenu pour Albert avant ton mariage ») mais elle ne pourra plus influencer Jacot   jamais je ne la laisserai un instant toute seule avec Jacot ni avec Roberto — crispation culpabilité frayeur — elle serait capable de lui parler d'Yvette Godin ((vieille sorcière envieuse confite en ses préjugés idolâtrant le chouchou Julien louageant la grosse Anita invertébrée mais rejetant critiquant sans cesse la maigre puînée))

Une somnolence enfin je crois me gagne enfin bientôt peut-être je pourrai quitter doucement cette berceuse me jeter pesamment dans mon lit et dormir dormir   Sans Jacot depuis longtemps déjà sans la crise de Jacot depuis déjà longtemps je me serais endormie auprès de Roberto contre la bonne chaleur de Roberto couchée sur le côté mon ventre contre son dos ma main couvrant mollement

son sexe nos quatre jambes ployées comme si nous étions
assis reposant tous deux d'un bon d'un sain repos réparateur   Ne rien faire pour effrayer effaroucher ce bénéfique pré-endormissement qui enfin m'effleure et me pénètre   laisser flotter onduler ma pensée multiforme
pourquoi craindre pourquoi chasser le souvenir d'Yvette
Godin   Nos ébats d'adolescentes (Madame Godin son
air scandalisé ses éclats « petites perverses comment osez-
vous   dans mon salon ») nos ébats d'adolescentes (maman
fut-elle jamais mise au courant) sont bien passés (douze
ans quatorze ans une éternité jeux sans conséquences
dans la nuit des temps)   me suis-je jetée à la tête d'Albert
pour oublier   En parler à Roberto   Après avoir
fait l'amour   Tous deux étendus sur le dos   nus
décontractés   laissant notre sueur s'évaporer notre pouls
nos souffles s'alentir   Lui dire (ton enjoué ou peut-être un
peu rêveur mais détaché détaché) « sais-tu à quoi je pense
Roberto   Roberto sais-tu qu'autrefois j'ai eu une amie
de cœur »   lui dire « c'est drôle ce qu'on fait des
fois quand on est adolescente »   (du bout de ma pantoufle je pousse repousse le plancher les berces antiques
reprennent leur mouvement de bascule)   Yvette Godin
petits yeux perçants masque aigu de souris gestes vifs et
gracieux cheveux noirs à reflets bleuâtres   convergeant
sur la nuque en queue de cheval   Inséparable couple
elle et moi moi et elle en classe assises côte à côte possédant
notre code secret jouant du genou sous le pupitre   pour
nous moquer des religieuses et des autres couventines
ensemble à l'aller et au retour quotidiens léchant ensemble
les vitrines contemplant ensemble (longuement) les étalages
de corseterie lingerie féminine *women's apparel* et riant
riant   nous retrouvant de nouveau ensemble le soir pour

129

nos devoirs — tension léger mal de tête — j'écoute je tends l'oreille   tout est calme le petit dans son lit dort à poings fermés nulle raison de m'inquiéter tout va s'arranger   bientôt mes paupières vont s'appesantir le sommeil me gagner les bercements vont s'alentir puis s'arrêter bientôt je vais dormir — vague appréhension molle inquiétude — (même sur un ton détaché même sur un ton rêveur serait-il sage d'en parler à Roberto)   Sur le divan du salon seules Yvette et moi chez elle un soir   parents absents ayant lu étudié ensemble le chapitre sur l'amour courtois *l'Astrée* la carte du Tendre laissant tomber nos manuels (pourquoi ai-je si tôt interrompu mes études je réussissais bien   voix geignarde de maman « le collège de Julien nous coûte cher ma fille et ensuite ça va être l'université ça va nous coûter les yeux de la tête » chouchou infatué de lui-même devenu — satisfaction secrète — beatnik haillonneux traînant à sa suite une putain nauséabonde mais — vacuité constriction gutturale — départ catastrophique des Godin pour Boston   bureau abrutissant cliquetis somnifère des machines   gorille à casquette frappant une boule avec un bâton il est parti tant mieux bon débarras)   Yvette et moi seules chez elle un soir d'hiver sur le divan du salon ayant laissé par terre choir nos manuels de littérature et commençant pour rire (rien que pour rire) à nous bécoter (*l'Astrée* les bergers les bergères amour courtois de tout repos) « tu seras l'amant je serai l'amante ensuite on changera »   « d'accord »   Yvette pense-t-elle encore à moi   devenue Bostonnaise ayant épousé un Américain   pense-t-elle à moi souvent ou seulement pour Noël quand elle rédige ses cartes lapidaires) « tu seras la dame je serai le chevalier servant ensuite on changera »   mais nous n'avons pas eu le temps ni le goût de changer de

130

rôles   je suis restée la dulcinée elle est restée le chevalier servant sur le divan de peluche indigo (surplombant deux cartes du Tendre) « chevalier vous osez me prendre la main   un peu de tenue voyons   après tout vous ne me courtisez que depuis vingt-deux ans »   rires rires inextinguibles exténuantes fusées de rires larmes non essuyées coulant le long des joues d'Yvette coulant le long de mes joues puis brusquement léchées (d'une langue douce) depuis la commissure des lèvres jusqu'à celle des paupières   « vos larmes sont salées je me meurs d'amour pour vous marquise Berthe »   pause indécise et frémissantes respirations qui peu à peu s'approfondissent et s'accélèrent yeux clairs et perçants d'Yvette qui s'approchent s'approchent lèvres minces entr'ouvertes qui grossissent grossissent surmontées d'un quasi imperceptible duvet — léger sursaut faible recul — « tes larmes sont tièdes ta joue est brûlante c'est que tu m'aimes aussi marquise »   très doux chatouillis de sa langue — frémissement palpitations — ma main contre son épaule voulant (ne voulant pas) la repousser et glissant par mégarde plus bas (lingerie féminine soutien-gorge gaine porte-jarretelle contemplés la main dans la main devant les vitrines palpés achetés ensemble dans les boutiques) ma voix faible et haletante jouant encore le jeu « chevalier voyons comment avez-vous l'audace de »   Yvette soudain à genoux devant moi baisant mes genoux serrés caressant palpant mes jambes   « je vous adore depuis si longtemps marquise »   passant repassant ses mains le long de mes mollets (mollets trop plats pitoyables)   (les siens bien galbés qui saillissent au gymnase quand elle se met sur la pointe des pieds) palpant mes cuisses sous ma jupe palpant (non non)   frisson rauque plainte affolée pression quasi douloureuse de son doigt « chevalier voyons je vous

131

en prie je vous en supplie chevalier »   sa tête qui pèse
qui s'enfonce irrésistiblement je vois sa nuque les cheveux
follets duveteux la queue de cheval incurvée soyeuse aux
reflets bleuâtres ma main dans ses cheveux qui serre (vais-
je tirer sauvagement arracher scalper) mes genoux crispation
spasme mes genoux qui s'écartent lentement lentement
« non chevalier non non non Yvette Yvette non non »
lentement irrésistiblement je ne veux pas je veux je ne veux
pas « non Yvette non   c'est pousser la plaisanterie trop
loin nous avons assez ri je vais appeler je vais crier »
je ne crie pas je n'appelle pas vertige tourbillon (solitude à
deux dans le salon soir d'hiver neige qui tombe et tourbillonne moi sur le divan jupe jupon relevés mes jambes
sans mollets mes cuisses maigres si on nous voyait si
on nous surprenait)   « enlève ton slip »   « non »   « enlève
ton slip »   « non » — spasme vertige — ma main se crispant sur la soyeuse queue de cheval je tire tire férocement
jument tu es sous mes ordres tu m'obéiras tu es à moi je
suis damnée je tire tire mais dans quel sens je suis perdue
je tire vers moi   entre en moi Yvette pénètre en moi
je t'aime je tire je te déteste entre en moi jument chienne
vache « enlève ton slip » « non »   voix sifflantes râpeuses
poitrines oppressées Yvette yeux fulgurants de colère dressée
un instant devant moi sa gifle cinglante sur ma joue sceau
d'infamie sécurisante brûlure fille marquée au fer rouge
esclave hypnotisée envoûtée par une puissante et féroce
marâtre (dont Yvette n'est que la servante l'âme damnée)
Berthe Barré fille perdue roulure errant dans les ruelles
obscures offerte à tous à toutes   maman ayez pitié docile-
ment je lâche la mèche soyeuse qui glisse serpent noir sur ma
peau vierge frissons crispations soumission soumission je
soulève doucement mon bassin étroit où s'étale un triangle

132

velu moi si petite vase précieux rites anciens slip délicatement tiré peau inutile le long de mes cuisses voile de soie
peplum antique glissant le long de mon corps royal Yvette
doucement doucement prêtresse esclave à mes pieds ac-
complissant célébrant avec dévotion les mystères prescrits
par les dieux maintenant douce et tendre Yvette adoratrice
fidèle soucieuse uniquement de plaire à la princesse adorée
(romanesques épopées par moi versées plus tard dans les
oreilles ravies de Gaétane) moi de lignée pharaonique
noble princesse égyptienne issue des sources limoneuses
du Nil fécond au delta souverain   Embroussaillement
primordial frisson des joncs roseaux entrelacés herbes graciles duveteuses que fend la galère auguste du conquérant
aux yeux perforateurs au faciès effilé tranchant comme
un couteau   balancée rythmiquement je meurs et renais
à chaque lèchement lapement des vaguelettes saliveuses le
long de la carène   galère qui remonte le Nil au delta
souverain sur laquelle se tient l'ardent imperator vêtu de
cuir de métal et de pourpre à la fougue guerrière à l'irrésistible passion amoureuse il préfigure oui oui il annonce
(ce conquérant romain) vision prophétique d'adolescence
le conquérant calabrais Roberto Bardetti issu du même
sang de la même dure péninsule ardente de la même botte
souveraine et rugueuse plongée plongeant dans la mer ionien-
ne aux vagues molles aux vagues accueillantes aux vagues
berçantes   Bercements alanguis de ma berceuse qui
peu à peu s'immobilise ampoule jaune contre le mur
verdâtre nuit insomnieuse gravitant naviguant galère hé-
rissée de rames obscures cinglant vers les côtes déchiquetées de l'aube   me revoilà seule et presque calme enfin
presque détendue dans cette berceuse maintenant immobile
en face de ce lugubre crucifix sans importance   Qu'Y-

vette est loin désamorcée désinvestie (devenue banale Américaine parlant et riant fort traînant à sa suite un insignifiant mari et deux enfants insignifiants)

Cher adoré Roberto si gentil si compréhensif (désir douloureux de le voir maintenant tout de suite de le serrer un instant dans mes bras ensuite je m'endormirais tout de suite tout de suite comme une petite fille sans inquiétude)   je me lève une fois de plus une fois encore (sera-ce la dernière enfin la dernière) je me sens plus sereine et plus lourde (après l'excitation — c'est le café la mort de papa — après l'excitation du surgissement d'Yvette) heureusement que la fatigue finit tôt ou tard par triompher tôt ou tard nous glissons nous sombrons dans les bras dans le ventre du sommeil   une fois de plus mais d'un pas plus pesant je traverse la salle de séjour je pénètre doucement dans la chambre de Jacot   il dort le pauvre petit que j'aime le cher petit sorti de moi de mon ventre mais faisant toujours partie de moi je le sens encore dans ma chair dans mes entrailles il repose petit souffle discret quasi imperceptible ((qu'un rien un simple sac de plastique sur la tête suffirait à éteindre)) mon Dieu protégez-le protégez-moi faites qu'il vive heureux qu'il vive longtemps (mais pourquoi prier tu ne crois pas en Dieu Berthe)   Déjà la pré-aube indécise entoure le store d'un cadre de clarté diffuse bientôt une autre journée va commencer (aurai-je seulement dormi un peu) bientôt je devrai retourner au salon mortuaire (fille insensible qui ne pleure pas) de nouveau les longues stations assises les agenouillements les interminables chapelets (démangeaison dans l'entre-jambe) serrements de mains demi-sourires condoléances remerciements efforts épuisants et vains pour mettre des noms sur ces visages récit vingt fois repris

134

des derniers instants innombrables cafés (sans doute) stupidement avalés   Roberto pourra-t-il voudra-t-il venir comme j'ai besoin de lui comme j'ai besoin de Roberto comme je me sens seule sans lui   ah pouvoir lui parler (lui si gentil si rassurant) avant de m'endormir avant de partir de nouveau pour le salon funéraire (n'y pas amener Jacot le faire garder par la voisine mais ses marmots sont sales et grossiers)   comment être sûre que Roberto ne m'en veut pas à la suite de la crise des cris des trépignements de Jacot « non non je veux pas qu'il entre je veux pas qu'il vienne chez nous » ((petit égoïste qui ne pense qu'à lui qu'à ses aises et confort)) comment être sûre que Roberto ne m'en veut pas   il doit m'en vouloir (à moi en un sens responsable de la conduite de Jacot mais pourquoi responsable j'aurais tant voulu que Roberto entre qu'il passe la nuit avec moi) il doit m'en vouloir je suis sûre qu'il m'en veut — douleur affolante coup de lancette au cœur (pas une seconde pas une seule je ne pourrai cette nuit fermer l'œil) — Roberto peu à peu me délaissant m'abandonnant disant à ses camarades italiens (pourquoi ne fréquente-t-il en somme que des Italiens) leur disant « la mère était assez bien ça oui mais lé petit était impossible et elle n'avait sour loui aucune autorité » — crispation panique — ah pouvoir parler à Roberto tout de suite tout de suite courir vers le téléphone pour composer composer tout de suite tout de suite son numéro 279-3696 (pourquoi vit-il dans cette pension lui si réservé si distingué avec tous ces Italiens jacassants et primitifs) 279-3696   m'excuser lui demander pardon « oui Roberto je sais   je sais que tu as raison d'être fâché mais je te promets que ça ne recommencera plus   dorénavant c'est Anita qui va garder le petit elle me l'a promis il va

135

même coucher là au début la plupart du temps » Roberto me répondant d'une façon dure implacable « non Berthe Laverdoure (voix rageuse menaçante) non j'en ai assez cé petit sacripant il faut lé dompter oune fois pour toutes je m'en charge voilà assez longtemps qu'il nous empoisonne amène-lé moi ici » (regards terribles féroces) « non Roberto non » « amène-lé ici jé té dis jé vais loui donner oune correction qu'il n'oubliera pas » « non Roberto je t'en supplie » voix déterminée impitoyable « ensuite tou l'enfermeras dans sa chambre » Je deviens folle — léger vertige nausée (menstruation pourtant encore loin) — je déraille qu'est-ce que me prend Roberto si doux si gentil si compréhensif c'est l'insomnie le café la mort de papa (pauvre papa comme il va me manquer pauvre petite Berthe maintenant orpheline tes larmes bientôt vont couler des sanglots spasmodiques vont te secouer t'emporter épave ballotée par le courant jusqu'à la mer berceuse la mer endormeuse) Mais pourquoi rester plantée là debout dans la pénombre au milieu de cette chambre (qui à l'aube devient apeurante sinistre   larves monstres demi-fantômes refusant de rentrer dans la nuit) Sur la pointe des pieds une fois de plus comme une voleuse une criminelle (mais ayant volé qui quoi ayant commis quel forfait) je me dirige à pas de loup vers la cuisine là-bas l'ampoule jaune l'abat-jour safran commencent à blêmir enfin peu à peu envahis insensiblement imbibés par la grise lueur de la pré-aube   pourrai-je bientôt enfin me reposer arracher à la nuit agonisante ((père mort mauvaise fille pas pensé à lui depuis des heures)) quelques petites heures de sommeil avant le réveil de Jacot ((sans lui le petit égoïste je dormirais maintenant dans les bras de Roberto))   Brusquement je m'immobilise (narines dila-

tées saisie d'un soupçon griffu) brusquement je me retourne
vers la chambre   à grands coups de pectoraux j'aspire
un air stagnant un air malsain (petit têtu petit toqué qui ne
tolère la nuit aucun souffle purifiant) je m'avance vers la
chambre obscure ((salon funéraire papa lugubre maquillage
étouffante odeur de cierge)) ne perçois-je point — écrasement bouffée de colère — une âcre odeur d'urine —
flambée de rage — une odeur d'excrément   Toute précaution par-dessus bord je me rue vers la fenêtre je
l'ouvre avec violence (sont-ce les parents oui ou non qui
doivent gouverner) frémissante je respire enfin j'aspire
enfin l'air du large   Jacot n'a pas bougé le petit cabotin
il fait semblant de dormir il sait que je suis là il sait que
je sais il triomphe hypocritement sournoisement têtu gros-
sier comme son père il cherche à se venger à me punir
à m'asservir (mère servante mère esclave lavant des draps
souillés des couches nauséabondes femme de peine frottant
décrottant ce linge infect malgré ses haut-le-cœur et ses
doigts gercés)   non je ne soulèverai pas le draps je ne
sentirai pas cette puanteur   qu'il s'arrange tout seul
(propre déjà à vingt-six mois précoce brillant « Jacot
est un grand garçon Jacot est un petit homme il a passé
la nuit sans se mouiller il aime faire plaisir à maman »)
et maintenant il faudrait tout recommencer   non non
il le fait exprès   cinq fois en trois semaines   pour
me narguer pour me punir   parce que je vois Roberto
parce que j'aime Roberto   il ne dort pas je le sais
je le sens (un rien le réveille d'ordinaire) il ne dort pas
il attend   sûr de lui sûr de sa victoire   il attend que
je le nettoie que je lave et poudre son sale petit derrière
Sur la pointe des pieds comme si de rien n'était (et si
je m'étais trompée   si c'était mon imagination) en tapinois

137

comme un cambrioleur une fois de plus je quitte la chambre
((qu'il croupisse dans son jus   que sa peau s'irrite et
brûle))   une fois de plus me voilà dans cette cuisine
étrange et familière devant l'ampoule jaune blêmissante le
crucifié sanguinolent la berceuse antique (que vais-je faire
que vais-je devenir)   Roberto a peut-être raison il faut
employer la méthode forte il faut mâter dresser   Mais
Roberto n'a jamais soutenu rien de semblable (quelles
chimères malicieuses pernicieuses cette nuit m'envahissent
le cerveau)   Roberto qui est si doux si délicat (sauf
quand couché sur moi ses deux mains calleuses sous mes
fesses il serre serre serre à la limite du tolérable)
Non non méchante mère chienne en rut pense donc à
ton petit   Mais un souffle d'air glacial venu de la chambre
court au ras du plancher et me balaie les jambes   la
fenêtre béante (méchante mère criminelle) vomit un tourbillon mortifère (le petit à l'hôpital pneumonie fièvre torride
visage en feu maigre figure écarlate sur l'oreiller blanc
sous la tente à oxygène) je me rue dans la chambre (mon
Dieu sauvez-le   faites qu'il ne soit pas malade punissez-
moi si vous voulez mais épargnez mon petiot) fenêtre
enfin fermée étourdissement le front contre la vitre froide
piqûres lumineuses étoilant mes paupières angoisse crispée
l'oreille qui guette   nul bruit soupir ou geignement du
lit ne vient   me voit-il me sent-il là entre la vitre et ce
store qui me couvre jusqu'à la croupe (besoin intense —
chienne salace — de voir Roberto — démangeaison — de
le toucher de lui parler) j'ouvre les yeux   aube livide
hautes remises de tôle gondolée étranglant le fond de
cour où s'éternise un banc de neige crasseux (est-ce déjà
le surlendemain de la mort de papa   sa figure cireuse
sur l'oreiller son souffle rauque ses doigts de crabe s'agrip-

pant à la bordure du drap   non non) avec lenteur et
précaution (folle qui tout à l'heure ébranlait la chambre
de sa course) je me dégage du store j'écarte la tenture
rien n'est arrivé — soupir de gratitude — merci mon Dieu
(mais tu ne crois plus en Dieu Berthe) nul accident nulle
catastrophe n'est survenue (Dieu existe peut-être)   bien
protégé par l'édredon Jacot repose calmement dans son
petit lit (il a toujours mieux dormi à l'aube)   Ne pas le déranger   ne pas glisser ma main entre les draps   je
sors prestement et ferme derrière moi la porte (fuyant
quel danger quel remords)   Me voilà de nouveau seule
avec mes pensées (et coupable de quoi) devant le crucifié
contorsionné et l'œil blêmissant de l'ampoule insectifu-
ge   Lourde d'une fatigue écrasante (en ce surlendemain
déjà de la mort de papa) après une nuit d'implacable
insomnie (pourquoi n'ai-je pas davantage pensé à papa
pourquoi n'ai-je pas prié pour lui)   aurai-je aujourd'hui
la force de tenir   de retourner bientôt au salon mortuaire   d'assister après-demain aux funérailles de papa
qui est mort — épuisement soudaine envie de pleurer —
Jamais plus (étouffante torrentielle émergence) jamais plus
personne en me posant comme papa la main sur l'épaule
ne me demandera d'une voix douce et lasse   « comment
ça va ma Béberthe »   ne me recommandera d'une voix affectueuse   « fatigue-toi pas trop ma maigrichonne tu
n'es pas forte tu sais »   ne dira d'une voix satisfaite
en regardant mon bulletin de classe   « encore première
comme elle a du talent cette petite Béberthe »   larmes
coulant (enfin) le long de mes joues   petite Berthe
bonne petite maigrichonne au cœur secrètement tendre
affligée désespérée de la mort de son père chéri
Pourquoi ne lui ai-je pas davantage parlé de son vivant

mais ces dernières années (celles où je suis devenue hélas peu à peu adulte) ces dernières années était-il vraiment vivant   larmes sédatives rampant le long de mes joues (que je n'essuie pas) et tombant par terre   pauvre Berthe pauvre orpheline ((pauvre petit retourner auprès de lui glisser ma main sous le drap))   pauvre maigrichonne solitaire secouée de sanglots possédée d'un besoin intense de caresses et de dorlottement   d'un besoin douloureux de voir d'appeler Roberto tout de suite   mais il est trop tôt   sous quel prétexte le réveiller à cinq heures du matin (pour lui dire que je me sens seule que papa me mettait jadis la main sur l'épaule — larmes coulant le long de mes joues — pour lui dire que le petit s'est encore souillé — rage bouillonnant au fond de moi) mais il est trop tôt pour l'appeler   Mais l'appeler sans faute plus tard avant qu'il ne parte au travail   l'attraper peut-être au moment où il se prépare à sortir — malaise incertitude — pourquoi Roberto n'aime-t-il pas que je l'appelle — inquiétude anxiété — m'aime-t-il (il ne m'aime pas) pourquoi me défend-il en somme de l'appeler   Installé (pourquoi) dans cette ridicule pension italienne (je lui ai pourtant dit dans son propre intérêt de se canadianiser au plus tôt mais non) installé dans cette espèce de taudis aux odeurs rances de friture et de poireau au milieu de ces Italiens incultes tapageurs commérateurs (dans ce petit salon grand comme ma main je l'attends   une demi-douzaine d'abrutis débarqués sûrement de fraîche date viennent tour à tour me reluquer sous d'incompréhensibles prétextes   ils doivent ensuite se féliciter se dire entre eux « je l'ai voue j'ai vou la maîtresse de Roberto »)   mais pourquoi vit-il (lui si délicat si compréhensif) dans ce trou dans cette promiscuité   prisonnier de ce grouillis de primitifs n'y pouvant recevoir un appel téléphonique (ce téléphone installé dans le couloir mœurs de 1930) sans que des portes s'ouvrent des oreilles se tendent des langues se mettent à cancaner (n'a-t-il pas — tailleur de pierre poseur de tuile métiers lucratifs — n'a-t-il pas les moyens de se payer un téléphone particulier)   Larmes séchées le long de mes joues (paupières bouffies figure jaunâtre grisement réverbérée dans le miroir où naguère un gorille inquiet faisait jouer ses muscles déclinants)   désir intense de voir Roberto ou seulement d'entendre sa voix   pourquoi ne veut-il plus que je l'appelle — doute anxiété (yeux cernés affreuse face étirée dans le miroir) m'aime-t-il vraiment — pourquoi ne veut-il plus que je l'appelle (le tirer de ce milieu d'Italiens incultes l'arracher à cette pension douteuse) Je l'appelais trop souvent peut-être oui à son point de vue à lui (immigré depuis trois ans seulement encore sensible très sensible aux cancans de ses compatriotes) trop souvent oui sans doute   je l'appelais presque tous les matins naguère avant de partir pour le travail   trop souvent mais quel réconfort d'entendre le matin sa voix (ses r roulés ses u prononcés comme des ou) avant de mener Jacot ((passer la main dans son lit pour voir — colère rancœur)) quel réconfort quel viatique sa voix avant de gagner le bureau abhorré avant de me casquer de mes maudits écouteurs mouche prisonnière au centre d'une toile proie torturée dévorée peu à peu chaque jour par la Pelchat noire araignée velue (mais quand Roberto habitera ici il m'entretiendra je pourrai comme Anita rester à la maison)   Au bureau à mon retour aura-t-on un peu de considération pour mon deuil et ma douleur (vêtue de noir ne souriant pas osant ne pas sourire à Monsieur Robert osant ne pas dire bonjour à)   Adrienne Pelchat — rage froide soif de vengeance — vieille fille constipée dévorante araignée velue (petite moustache noire abhorrée abhorrée au-dessus d'une bouche sans lèvres   menton où se tordent des poils nauséeux) écraser sous mes talons cette sinistre punaise voir sortir ses entraille ((« enlève ton slip »   « non » « enlève ça je te dis »   « non »)) lui labourer la figure de mes ongles (Non non non)   Je suis la surintendante indispensable   Monsieur Robert n'ose prendre la moindre décision sans me consulter   tout le monde (dactylos secrétaires comptables magasiniers commis-voyageurs) m'obéit au doigt et à l'œil et frémit au moindre froncement de mes sourcils   l'aide-comptable Adrienne Pelchat (la vache la punaise) ayant commis une erreur de calcul (que j'ai détectée en dix secondes) se présente tremblante de peur à mon bureau   une sueur fétide suinte sous ses aisselles des gouttes d'urine imbibent peu à peu sa culotte ((main entre les draps de Jacot)) d'un simple sec coup de tête je reconnais sa présence et continue mon travail elle voudrait s'asseoir croiser les jambes mais ce serait me manquer de respect intensifier mon mécontentement figée de frayeur sphincters contractés en un effort qui lui darde des crampes dans le ventre les deux mains croisées à la hauteur du sexe l'aide-comptable Adrienne Pelchat attend sa correction ((« baisse ton slip »   « non »   gifle brûlante sur ma joue)) je parcours je paraphe avec calme un dernier document   relève la tête   saisis la longue baguette (qui sert à pointer sur l'écran les fluctuations boursières le régime des profits et des ventes) « retournez-vous mademoiselle Pelchat » (voix neutre impersonnelle et comme distraite   coup d'œil à la fenêtre) « retournez-vous relevez votre jupe et penchez-vous en avant   vous avez commis une erreur impardonnable vous serez châ-

142

tiée »   Non Non — brusque immobilisation de la
berceuse — folie divagation — mon Dieu pardonnez-moi
(mais tu ne crois plus en Dieu Berthe) — c'est la fatigue
l'insomnie la mort de papa (« penchez-vous encore plus »
sifflements acides de la baguette son éclatement sec quand
elle s'abat sur la peau striée de rouge   non non) c'est
la tension l'épuisement la crise de Jacot   pauvre petit
écorché vif   Ne jamais être cruelle envers lui   être
toujours pour lui une bonne mère (mais au bureau pour
lui il faut que je me défende pour assurer sa subsistance
et son bien-être il faut que je garde mon emploi il faut —
c'est mon devoir — que je vise à mon avancement
surveiller épier sans répit la Pelchat   trouver le défaut
de la cuirasse   miner son influence auprès du patron)
Bonne mère ayant à cœur le bien-être de son gentil petit
garçon   nerveux bien sûr (mais tous les enfants le sont
à cet âge) garçonnet brillant précoce propre déjà à vingt-
six vingt-sept mois ((horreur dégoût des mioches empestant
le pipi le caca)) bon petit garçon docile toujours désireux
de faire plaisir à sa maman (sa crise d'hier fut la dernière
fatigue de la longue immobilité au salon chagrin de la
mort de son grand-père qu'il aimait tant   sa crise d'hier
sera la dernière) — bouffée d'angoisse
    D'un bond je me lève je cours vers la chambre me
précipite vers le lit glisse la main entre les draps — déli-
vrance merci mon Dieu long soupir de soulagement —
sec et propre   petit homme déjà raisonnable   Ne geins
pas mon Jacot ne t'agite pas dors mon Jacot je suis là
tu vois je te borde je veille sur toi je suis à genoux tout
près du lit appuyée sur le bord du matelas   petit garçon
qui peu à peu va vieillir qui peu à peu va comprendre sa
mère (ma bonne Anita ma chère Anita chez toi peu à

143

peu il va se calmer il va mûrir garçonnet intelligent qui va comprendre qui va apprécier Roberto   tout va s'arranger   bientôt avant longtemps avant trop longtemps nous vivrons heureux ensemble tous les trois   mon Dieu faites que nous vivions heureux bientôt ensemble tous les trois (mais tu ne crois pas en Dieu Berthe)   Mais de toute façon je ne fais pas le mal avec Roberto   (la voix de Roberto « comment ça pourrait être mal jé souis croyant moi aussi mais comment ça pourrait être mal cé qué nous faisons c'est la natoure »)   sèche et propre ma main entre les draps tièdes et immaculés (rusée astucieuse Berthe qui feins parfois des remords — mais c'est la nature de la femme je suis une femme authentique — qui joues parfois les hésitantes les scrupuleuses devant Roberto pour le rendre plus ardent pour qu'il te cloue te transperce martyre impuissante)   Jacot émet un léger geignement j'ouvre les yeux il s'agite un peu il replie vers son ventre ses petites jambes grêles   forme fragile (autre moi-même que j'aime tant) ayant traversé une fois de plus sans accident les remous les maelströms de la nuit de cette nuit (que j'aurai passée blanche quelle longue quelle affreuse nuit) j'ouvre les yeux l'aube déjà vigoureuse (est-il déjà si tard) découpe énergiquement devant moi le rectangle orangé du store (bordé d'un cadre maintenant bleuté) dans quelques minutes je me lèverai je quitterai la chambre du petit (pourquoi prolonger cette vigile cet agenouillement puisque tout est calme puisque tout va bien) j'irai étendre dans mon lit mes lourds membres insupportables   quelle terrible interminable nuit   Mais j'ai quand même dormi un peu j'ai sûrement somnolé un bon moment   Albert gorille et ses bananes la Pelchat et ses gouttes d'urine mon ressentiment contre ce cher petit Jacot (que j'aime tant)

144

l'imperator romain la galère remontant le Nil c'étaient
sûrement des rêves (quels drôles de rêves quelle drôle
de nuit)

VI

ROCH

Aujourd'hui c'est lui demain ce sera moi fils aîné au
cœur avarié je culbuterai à mon tour dans le néant   dans
une boîte rectangulaire à poignée de nickel on étendra mon
corps irrigué de formol et éviscéré par les embaumeurs
en deux goulées — brûlement guttural irradiante chaleur
à l'estomac — je déglutis mon troisième verre de whisky
bourbon (torse nu froide capsule du stéthoscope contre
ma poitrine immobilité tendue respiration accélérée « avez-
vous eu les rhumatismes inflammatoires quand vous étiez
jeune Monsieur Barré   la boisson ce n'est pas pour vous
monsieur Barré »)   debout devant la lucarne cintrée
de mon galetas les paumes serrées autour du verre vide
où tournoie lentement un glaçon aux arêtes arrondies je
regarde les sombres bosselures des toits les striures oscillantes
d'un grand orme décharné contre le ciel crispé de mars
(aujourd'hui c'est lui demain ce sera moi — onduleuse
horripilation sourd tambourinage contre mes tympans —)
je me retourne je retourne à l'éternel miteux désordre
de mon galetas délabré (cœur délabré tapant un peu

147

moins fort) salle de séjour cuisine exiguë (où s'entassent par terre des piles de revues et de journaux   où dans un coin stagne cyclopéen cataracteux l'œil gris du téléviseur) antique réchaud à gaz vieux tuyau fendillé de caoutchouc rouge (mourir asphyxié dans son sommeil) je me verse une quatrième (ou cinquième) rasade (réparer enfin remplacer cet antique tuyau craquelé)   par la porte entr'ouverte de la chambre j'aperçois le lit défait les draps grisâtres et fripés   Roch Barré fils aîné de feu Norbert-Onésime (humble démarcheur besogneux ployant sous le harnais) fils aîné continuateur (censément) soutien du père (quelle dérision) ayant fui au contraire le foyer (où trônait le chouchou de la mère le messie le sauveur) moi fils aîné (quelle étrangeté) voulant se délivrer se dépêtrer de la poisseuse famille (mais s'en dépêtre-t-on jamais) voix geignarde de maman   mine de pauvre épouse résignée j'écoute — colère rentrée — « pourrais-tu mon grand me passer quelques piastres c'est pour le petit tu comprends au collège il faut être bien habillé il lui faudrait un habit neuf c'est pas pour moi tu comprends moi les privations j'ai l'habitude » — rage rentrée révolte — silencieuse sortie furtive de papa épaules voûtées complet fatigué lépreuse serviette écornée de cuir jaune sous le bras   jour après jour soir après soir devant se faire humble (là aussi là encore) auprès de ses clients (« tu sais Roch j'ai essayé autrefois de discuter avec ta mère   maintenant je garde mes forces pour gagner ma vie ») — rage sourde révolte exaspérée — ne pas me laisser ronger gruger démolir fils aîné roc dérisoire et fragile   ne pas servir de paillasson me libérer me dépêtrer une fois pour toutes   mais à quoi bon ressasser ces vieilleries   faisant clapoter dans ma bouche une lampée de bourbon (mille aiguilles circulaires contre ma langue) pour la millionnième fois je regarde le sinueux tuyau rouge de caoutchouc fendillé ((un léger tirage   le raccord s'abolit   inodore chuintement mortel)) Roch solitaire en rupture de famille niché censément temporairement dans ce miteux galetas (non je n'ai pas besoin   comme le chouchou comme le béjaune   qu'on soit aux petits soins avec moi je n'ai besoin de personne je brosse moi-même mes vêtements repasse mes chemises recouds mes boutons je fricote moi-même ma popote j'ai décidé moi-même de suivre à mes frais des cours de dessin industriel   penché soir après soir   à l'*Industrial Design Institute* jusqu'à neuf heures (dans mon galetas jusqu'à minuit)   penché soir après soir sur des *blueprints* maniant rapporteur compas équerre à dessin tire-ligne règle à calcul   consultant dépouillant des manuels de physique de géométrie   mangeant peu maigre ascète tendu vers un seul but cessant peu à peu (pourquoi pourquoi) de voir Lorraine (œil pervenche bouche lippue cheveux auburn poitrine affriolante) — goulée de whisky coulée de feu corrodant la gorge embuant les yeux — je tousse et crache dans l'évier graisseux encombré de vaiselle sale   pseudo-ascète niché depuis quinze ans dans son galetas miteux n'y voyant n'y recevant (n'y ayant reçu) personne sauf Germain Savoie (aujourd'hui c'est lui demain ce sera moi)   comme il était vivant comme il mordait à belles dents dans la vie comme il n'avait pas peur de foncer de saisir de jouir ((non non ce n'est pas pour ça qu'il est mort qu'il a été puni)) solide râblé exubérant poursuivant ses études en pharmacie et virant (me disant qu'il virait) des parties de tous les diables (« tu vis comme un ermite Roch bon Dieu réveille-toi ») venant grimpant ici le samedi soir y restant jusque vers les dix heures et demie

149

onze heures puis me laissant seul (« eh ben puisque tu veux pas venir ») me laissant seul   escogriffe buté penché jusqu'aux petites heures sur mes livres mes *blueprints* mon papier-calque (puis brusquement bandé me jetant sur le lit pour m'y branler de façon frénétique en pensant à Lorraine — vileté culpabilité — bouche lippue poitrine ferme et plantureuse anciennes tresses élastiques que je tirais tirais)   debout face à l'évier graisseux — légère nausée — je bois à petits coups le whisky bourbon que Germain mort du cœur ((non non ce ne fut ni punition ni vengeance)) que Germain jadis m'apprit à boire   somnifère lent mais infaillible   bientôt je m'engagerai dans la déclivité pâteuse qui mène au sommeil dans le gouffre matelassé où s'amenuisent et meurent les chuintements tympaniques   hier ce fut lui demain ce sera moi ((Lorraine moulée dans sa robe noire lèvres écarlates poitrine plantureuse essuyant du coin de son mouchoir ses larmes près de mon cercueil   maman éplorée secouée de vastes sanglots dévorée de remords oubliant Julien pour se consacrer à ma mémoire))   mais qui pleurera (pleurerait) ta perte Roch Barré   qui a besoin de toi célibataire casanier et misanthrope   quel cœur (quel conscience) ton souvenir viendrait-il remordre et darder   voix de Lorraine au bout du fil au cœur de la nuit « viens vite Germain a eu une attaque »   aux petites heures dans l'indescriptible bicoque (comment Lorraine si soigneuse avait-elle consenti à y vivre) anciennes dépendances d'une ferme disparue (hangar étable poulailler) terrain vague aux confins de Saint-Léonard (pourquoi s'étaient-ils établis là dans cette solitude) masure geignante aux racoins aux dénivellements imprévisibles (mais quelles parties retentissantes et chaotiques s'y sont tenues) Lorraine déjà vêtue d'une moulante robe de crêpe noir ((regard coupable)) sous laquelle ondulait libre de gaine la croupe hanchue Lorraine me précédant jusqu'à la chambre où incroyablement immobile dans son pyjama rayé de bleu gisait Germain   voix de Lorraine étonnamment oniriquement calme ((pensée coupable)) « le médecin n'est pas encore venu mais je pense qu'il est trop tard »   mes mains pressant les mains (froides) de Lorraine   « ma pauvre Lorraine »   Lorraine si courageuse si digne sachant si bien cacher son deuil   lèvres (charnues) méticuleusement rougies sourcils prolongés paupières savamment bleuies et lisérées de rimmel serrant avec correction des mains devant le cercueil   m'adressant de loin un (incertain) petit sourire   (aujourd'hui c'est lui demain ce sera moi) maman debout près de moi (pleurait-elle derrière son voile) au salon mortuaire me tirant par la manche et chuchotant « aimes-tu mieux l'arrangement de fleurs aujourd'hui Roch j'ai demandé à Monsieur Lacoste de le changer »   je réponds (est-ce possible et pourquoi) « je vous l'ai dit les fleurs je trouve que c'est du gaspillage » — serrement fulgurant dans la poitrine douleur tenaillante qui s'irradie dans le bras — prestement (réflexe conditionné) j'introduis le pouce et l'index dans ma poche je gobe chien savant le minuscule comprimé nitro-glycérinique (qui se loge comme d'instinct sous ma langue) et j'attends (non non je ne veux pas mourir aujourd'hui je suis encore jeune je n'ai pas quarante ans je ne veux pas mourir) j'attends j'écoute le tam-tam cardio-vasculaire déchaîné dans ma poitrine contre mes tympans   fonds plus vite fonds plus vite petit comprimé vite mêle-toi à ma salive à mon sang distends relâche mes dures artères   à petits coups précipités chien haletant gueule béante je pompe

151

des lampées d'air j'attends j'écoute je tends mon oreille inté-
rieure je consulte l'étau dans ma poitrine les tenailles
dans mon bras   fonds plus vite comprimé dissous-toi
dans la petite mare sub-linguale j'écoute j'attends espoir
qui bat de l'aile doute incertitude joie qui rebat de l'aile
qui prend son vol je prends mon vol l'étau peu à peu
se desserre oxygène incroyablement délectable pompé as-
piré moins chichement par mes poumons   demain (peut-
être) ce sera moi demain après-demain plus tard   demain
je pourrai contempler encore mon galetas — la douleur
de mon bras s'atténue l'étau dans ma poitrine relâche
ses mâchoires — je pourrai regarder encore la graisseuse
tache ovoïde qui s'étale sur le divan   me fricoter encore
des mets indigestes au goût douteux (sur le gaz chuintant
issu d'un tuyau crevassé) je respire enfin librement mes
poumons dilatés s'imbibent délicieusement d'air je plie et
replie les doigts de ma main gauche je fais jouer les
muscles de mon bras pour m'assurer que la douleur s'en
est allée (ils sont morts je suis vivant)   encore une couple
de verres de whisky bourbon   somnifère lent mais
infaillible   et j'irai me coucher me reposer dormir d'une
traite jusqu'au matin   non je n'ai pas acheté de
fleurs je n'ai pas déposé de couronne près du cercueil
((damné basculant dans un gouffre de feu chair transpercée
par des fourches rougies)) mais j'étais là la nuit dernière
je suis accouru (réveillé en sursaut je m'habille en vitesse
je descends quatre à quatre les deux escaliers le cœur
tient bon le cœur tiendra bon je fais mon devoir) je
suis accouru au chevet de mon père mourant (non   ne pas
penser à ses râles à ses yeux vitreux à ses ongles griffant
le drap) un comprimé de nitro-glycérine sous la langue
je fus le premier au chevet de papa avant Berthe même

152

avant Anita   et Julien où était-il le messie le chouchou
(voix pleurnicharde de maman « je n'ai pu le rejoindre tu
comprends le pauvre petit » — mensonge mensonge) pauvre
petit beatnik crasseux hurlant sans doute dans quelque
meeting pour détruire pour chambarder la société ((*blueprints* en anglais au bureau par la force du nombre des
choses en Amérique du Nord)) guénillou loqueteux voulant
nous ravaler à son niveau à sa pseudo-liberté de clochard
(combien d'argent versé pour lui par moi pour son éducation
avant mon départ)   et papa que faisait-il se rendait-il
seulement compte somnambule doucereux et soumis a-t-il
seulement bougé un doigt pour me retenir a-t-il seulement
émis un mot de regret lors de mon départ   face au
sombre bossellement des toits à l'agitation squelettique du
grand orme je sable bêtement mon verre et je songe au
père attentif au père idolâtré de mon enfance   sur
son genou enfourché (« trotte trotte trotte p'tit galop p'tit
galop gros galop gros galop »)   à fond de train emporté
je dévore l'espace déchire le vent cavalier intrépide irrésistible   soulevé au bout de ses bras lancé vers le plafond
je crie m'esclaffe de bonheur délicieux chatouillement vertige
au ventre et dans la tête (cependant que dans la cuisine
ou dans la chambre maman s'occupe de la grasse petite
Anita sans intérêt pourquoi ne vient-elle pas me voir
galoper me voir planer intense quasi-douloureux vertige
au ventre « Norbert arrête tu fais trop de bruit la petite
ne pourra pas s'endormir »)   papa peu à peu s'assom-
brissant se courbant se faisant de plus en plus rare
la venue (non voulue) de Berthe (pourquoi ne pas la
voir de temps en temps nous sommes de même race) le
marasme de maman   après cinq ans la venue du messie
papa devenant de plus en plus taciturne   homme doux

153

silencieusement asservi (a-t-il seulement levé le doigt pour me retenir) ahuri abruti par son travail courbant la tête en silence   mais s'amenant un soir ici chez moi sa serviette écornée sous le bras essoufflé sueurs sur son front pâle (immense joie dilatation dans ma poitrine) s'amenant ici à l'improviste un soir ayant gravi pour me voir pour voir son fils aîné les trois escaliers abrupts aux marches gémissantes   assis là sur le vieux sofa (déjà lustré déjà usé) s'essuyant le front reprenant haleine (exaltation contrôlée — après sa journée de travail malgré sa fatigue son désir de se coucher il est venu me voir) promenant un regard apparemment surpris sur mon galetas (non je n'ai pas quitté la maison pour vivre dans le luxe je l'ai quittée pour me libérer pour me tailler une place au soleil) vieil homme tassé affaissé sur le sofa s'épongeant à petits coups le front passant son mouchoir à l'intérieur de son col « voulais voir un peu comment tu étais comment tu étais installé que fais-tu comment vas-tu »   moi l'exalté moi l'imbécile le crétin fieffé me lançant dans une longue interminable explication sur la nature de mon travail sur mes projets mes ambitions parlant même allant même jusqu'à parler de Lorraine   papa disant « oui oui » d'une voix lasse absente jouant avec la fermeture de sa vieille serviette squameuse (jetant en tapinois un coup d'œil oblique à sa montre) m'interrompant profitant d'une pause (dans le flot nauséeux de mes paroles) « oui oui c'est très bien très bien » vieux démarcheur abruti   lugubre agent spéculant sur la peur prenant un ton doucereux pour parler de la mort toujours possible « une bonne assurance-vie voilà ce qu'il te faut maintenant que te voilà installé » tamponnant sa nuque sortant de sa vieille serviette formulaires et documents « une bonne assurance pendant que tu es encore jeune » (coup de masse sur la nuque écrasement — qu'il parte qu'il fiche le camp qu'il me foute la paix)   je me lève je quitte le sofa où il était assis voilà combien d'années voilà quelle éternité je fais les trois pas qui me séparent de la lucarne je regarde la croix autrefois grande maintenant petite et la gigantesque antenne fourchue dressées toutes deux sur le Mont Royal (papa homme vieillissant fatigué sympathique   rendant visite à son fils aîné après une dure journée une dure soirée de travail faisant soudain — sans préméditation — une suggestion à son fils)   père jamais ré-invité jamais revenu dans le galetas miteux de son fils aîné   (assuré   est-ce possible   assuré par un autre agent) cerveau flottant méninges bourbeuses je fais huit pas je regarde une fois de plus le serpentin tuyau fendillé   (qu'une menue se-cousse arracherait) et je me dis « je suis vivant »   et je me dis « bois encore un peu de somnifère infaillible (mais temporaire mais temporaire) laisse encore un peu plus ce liquide ambré irriguer tes artères — attendrissement — tu es maintent un orphelin (mais tu ne l'as-tu pas toujours été) au sein de cette famille pâteuse et malsaine au sein de cette cellule maintenant désagrégée »   Berthe éternelle crispée   veuve à l'herbe se débattant avec son petit singe tiqueur avec son Italien à gueule de rapace   Anita roupilleuse éternelle enveloppée dans son cocon avec ses deux rejetons somnambuliques (mais la petite Gaétane si vive si fraîche — à peine connue de moi — les jeux pour elle aussi sont-ils déjà faits ne puis-je ne pourrais-je en rien l'aider   sœurette si avide de vivre mais — rivalité reploiement — béate d'admiration en face du chouchou messianique) dérisoire Julien minable gosse insevré viré révolutionnaire à la première (et tardive) démangeaison

de ses couilles se traînant maintenant de parlotte en parlotte
de coït en coït en compagnie de sa souillon belge aux mains
poisseuses   un coin de rue du centre-ville un quidam
beatnik barbe à la Jésus-Christ pantalon de velours côtelé
couleur pisse m'interpelle (nul doute pompette ou *stone*)
en un français ironique « comment va grand frère *long
time no see* »   sa putain s'avance œil bovin à fleur de tête
cheveux comme trempés dans la mélasse et tombant en pans
compacts sur des épaules couvertes d'une vareuse frangée
« Sophie j'ai l'honneur de te présenter mon interminable
frère grand dessinateur pour le compte de la *British Ame-
rican Compagny* »   main frileuse visqueuse de la souillon
dans la mienne   je serre un coup féroce (serrement dans
ma poitrine douleur naissante mâchoire de fer) je continue
mon chemin (pourvu oh pourvu que je puisse atteindre
tourner le coin du building)   bourdonnement dans mes
oreilles fouille frénétique des quatre poches de ma veste
« pourquoi te barres-tu si vite ô grand frère »   (pourvu
oh pourvu que je puisse — sueurs vertige — trouver la
petite boîte   loin de leurs yeux glisser sous ma langue
la nitro salvatrice)   cauchemar lointain incident sans
importance   combien de fois depuis trois ans me suis-je
colleté avec le néant   mais je suis vivant je respire à
l'aise mon verre de bourbon à la main en face de mon
vieux compagnon de route (aorte mortelle) ce serpentin
tuyau craquelé   qu'ai-je qu'aurais-je donc à envier au
pauvre type prénommé Julien d'intelligence moyenne de
vitalité médiocre   mais talonné sans merci chauffé à
blanc par la dévorante ambition de la *mater* collégien
harcelé ployant sous le poids de ses cours affolé par l'obscur
et impérieux message (tardif) de ses couilles   plaquant
tout là d'un coup   bazardant ses livres ses vêtements

156

de dandy puis (fallait s'y attendre) happé sans délai chauffé
à blanc (une fois de plus) par une crottée mao-léninisante
il enfourche servilement la contestation il se rue tête baissée
dans le beatnikisme politico-social ((mais il a peut-être
raison il est peut-être plus libre que toi Roch Barré dessinateur squelettique courbé sous des patrons anglos)) —
colère — lui administrer au cul une légion de coups de
pied — *bang bang bang* — pourquoi papa ne lui a-t-il
pas au cul administré une légion de coups de pied
tout se met lentement irrégulièrement à tourner par molles
vagues capiteuses ventrales stomacales à tanguer à rouler
le liquide ambré (dont un petit cercle miroite au fond de
mon verre) produit lentement irrésistiblement son effet
et toi Roch Barré (si différent du chouchou du messie)
que te faudrait-il que t'aurait-il fallu (du vivant de ton père)
pour te tirer de ton songe   éternel blotti dans ton galetas
(dont Germain à peine avait réussi à t'extraire) je dérive
et divague je m'enfonce dans la nuit comme dans un tunnel
je me dissous et désintègre (masque déjà figé de papa sa
peau déjà parcheminée retournant peu à peu à la terre
molécules se désagrégeant — goulée vertigineuse de bourbon
dans l'estomac — retournant peu à peu à l'indifférencié
atomes crochus à l'aveuglette à tâtons s'accrochant en
magmas monstrueux et inutiles (dans le maelström mé-
moriel je tourbillonne et me cherche et me perds) familles
fratries aux membres symbiosés l'un à l'autre vomis l'un
par l'autre le long des chaînes génétiques chiens émous-
tillés à date fixe par les émanations de la femelle — malaise
obscur empêtrement érection timorée — n'ai-je point du
vivant de Germain (ami intime et fraternel) n'ai-je pas —
attraction répulsion — pressé contre mes lèvres les lèvres
pulpeuses de Lorraine (la femme de Germain ami intime

157

et fraternel) écrasé les lèvres de Lorraine entr'ouvert la double rangée d'incisives introduit ma langue dans la caverne saliveuse au cours d'une nuit éthylique où coulait à flot le bourbon ambré où cascadait au loin du fond de la cuisine le rire sonore d'un Germain vivant (si vivant) et nous étions là Lorraine et moi serrés l'un contre l'autre à l'insu de Germain ((au rire vulgaire et cascadant)) blottis l'un contre l'autre mes mains caressant pétrissant la double rondeur élastique de sa croupe ma langue oscillant se tordant contre sa langue   mais à quoi bon remuer tout cela (avant-hier ce fut Germain hier ce fut papa demain ce sera moi ensuite quelques années plus tard Lorraine sombrera à son tour dans le néant) pourquoi céder à l'émergence de ces visions fantômatiques (traces de phosphore sur un mur de prison)   d'une main incertaine je me reverse du bourbon d'un pas incertain je me dirige vers la lucarne conscience vacillante luciole assaillie d'opacité je regarde au loin le Mont Royal son oblique chapelet de lumières sa croix superstitieuse son antenne fourchue garnie de feux rouges intermittents j'agite j'agite dans mon verre un glaçon cliquetant je songe aux lèvres pulpeuses de Lorraine j'ingurgite une froide coulée chaleureuse de liquide ambré je me dis qu'il est inutile de vouloir retracer (mais qu'y puis-je) de vouloir ausculter l'histoire sans importance d'un escogriffe cardiaque dénommé Roch Eugène Barré (fils aîné de Norbert Onésime)   né le onze mars 1933   d'une mère névrosée (affolée écrasée par l'hémiplégie de son père immortel) né le 11 mars 1933 sous le signe du Poisson   sous le signe du non-désir tout comme Berthe née sept ans plus tard (le grand-paternel étant toujours hémiplégique)   petite Berthe aux joues creuses au teint jaunâtre (qui file maintenant un mauvais

158

coton entre son moutard quinteux et son Italien à face laminaire) sœurette gracile (non voulue comme moi) aux crises de rage aux trépignements frénétiques mais qui s'apaisaient comme par magie lorsque grand frère raisonnable et protecteur je prenais dans ma main sa menotte longues marches de dix minutes interminables randonnées d'un quart d'heure jusqu'à la biscuiterie de Madame Boissonnault odeurs de vanille de fraise de chocolat bocaux pansus de draguées de pistaches de pralines boîtes cubiques de tôle ou de carton alignées sur des tablettes inatteignables et révélant par des hublots de mica leurs trésors clairobscurs petite Berthe instantanément calmée riante et gazouillante dès que nous sortions de l'étouffement familial née comme moi (que ne l'ai-je compris plus tôt) sous le signe du rejet voulant déjà dès cette époque s'évader (du fond de sa petite tête de son obscure petite conscience) désirant déjà se libérer voler de ses propres ailes (pourquoi ne pas tenter avec elle un rapprochement pourquoi ne pas l'appeler ou même aller chez elle dès après les funérailles) puis adolescente douée abandonnant soudain (par quel étrange coup de tête) ses études puis sténo à peine pubère épousant soudain (par quelle lubie bizarre) Albert le sous-doué encolure de taureau oreilles d'orang-outang sourire de crétin (vidé annihilé à trente ans parce que ses muscles commençaient à flancher ses réflexes à s'alentir) petite Berthe maigrichonne dont je tenais autrefois la main pour la conduire à l'épicerie (est-elle encore la même et suis-je le même) mais lorsqu'elle fut plaquée par le sous-doué ai-je pour l'aider remué d'un doigt grand frère égoïste se décomposant dans son galetas (mais pourquoi ne m'a-t-elle pas prévenu pourquoi n'ai-je appris la nouvelle que

159

plusieurs jours plus tard   sœur arrogante et butée trop
orgueilleuse pour demander un coup de main à son frère
mais aurais-je pu l'aider)   et maintenant la voilà accou-
plée avec ce louche Italien à face de corsaire (quelle bêtise
de le traîner au salon funéraire)   et moi qui suis-je
mais moi je suis seul   même Julien a une compagne
((je me rue sur elle je la culbute par terre je la possède
sauvagement)) je suis seul mais j'ai pourtant ce soir (après
combien de mois) revu Lorraine aux lèvres pulpeuses
près du cercueil — constriction gutturale — je suis allé
vers elle qui se tenait debout près de maman près
du cercueil je lui ai serré la main ((la culbuter par terre
la posséder totalement))   mais bientôt je vais dormir
j'avale une gorgée de bourbon je tourne le dos à la
lucarne à la croix vaporeuse à l'antenne fourchue   bientôt
je vais sombrer dans le sommeil   dès que les murs pal-
piteront dès que le plancher tanguera davantage je pénétrerai
dans ma chambre je m'étendrai de tout mon long sur le
matelas je logerai sous ma langue un comprimé de nitro
je placerai entre mes jambes un oreiller pulpeux de
caoutchoux mousse j'imprimerai à ma verge (serrée entre
le pouce et l'index de ma main droite) un mouvement de
va-et-vient cependant que d'anciennes visions d'antiques
sulfureux fantasmes remonteront (remontent) en moi
Lorraine ligotée sur un étroit lit de sangle pendant que
Germain s'affaire et siffle dans la pièce voisine   je
m'approche en tapinois je bondis sur elle mon phallus
bandé à se rompre émet un torrent de sperme   Lorraine Lorraine (amie d'enfance de petite enfance) revue
ce soir (après combien de mois   combien d'années après
la mort de Germain) lèvres pulpeuses et rouges poitrine
affriolante   vêtue de noir (comme maman) causant avec

Anita près du cercueil aux cierges rituels l'ai-je
vraiment serrée dans mes bras durant cette éthylique partie
au cours de cette nuit de novembre où le whisky-bourbon
coulait à flot en cette maison de bois (écurie grange et
poulailler) aux dénivellements imprévisibles les ans se
brouillent et les souvenirs devant la tombe de ton père
aujourd'hui tu l'as revue vêtue de noir (comme ta mère
Vitaline comme ta sœur Anita) qui causait à voix basse
devant ces cierges à l'odeur mortuaire as-tu vraiment
senti la pointe de ses seins contre ta poitrine dans une
encoignure de cette incroyable demeure labyrintheuse aux
confins de la ville « ancien pensionnat pour poules et
poulets » j'entends encore le rire sonore de Germain
résonner sous les plafonds bas dont on pouvait du doigt
palper les rainures rugueuses antique bicoque de jar-
dinier (raccordée à l'écurie à l'étable au poulailler) aux
confins de cette ancienne paroisse récemment engloutie par
un Montréal déjà vorace (mais quelle importance) moi
fantôme déglingué irrigué de multiples bourbons zigza-
guant de par les raccords et les couloirs ai-je vraiment
tenu dans mes bras Lorraine (l'ai-je vraiment pénétrée)
dans une encoignure rugueuse dont la moulure lui blessait
le dos « Roch sois sage » ai-je vraiment passé la langue
dans l'échancrure de son corsage (vallée où je voulais me
fondre et me perdre) « Roch si Germain te voyait »
le rire sonore de Germain retentissait toujours (et celui
des autres fêtards) sous les poutres rugueuses mais bientôt il ne retentirait plus il ne devait plus retentir alors
que plongé dans l'encoignure capiteuse et spasmodique
j'écrasais contre moi une Lorraine à demi-consentante
jambes coupées je m'assieds je m'affale sur mon vieux
sofa fourbu je regarde (mais tout pivote et ondule mais

un remous dégueulasse s'agite au fond de moi) je regarde
sur le coussin concave un vieux cerne étalé là depuis
combien d'années   combien de fois depuis combien
d'années me suis-je dit   il me faut changer ces vieux
meubles dégoûtants il me faut déménager il me faut ménager
mon cœur   ne plus monter deux fois par jour ces escaliers
abrupts ((mais combien d'escaliers ton vieux père démarcheur humilié ne doit-il pas gravir))   non non
me lever   penser à autre chose   je me lève le
cerveau un peu moins houleux l'estomac moins déferlant
je me mets sur pied pour étirer mes longs membres grinçants
je fais quelques pas escogriffe aux allures d'échassier à la
figure absurdement circulaire absurdement poupine qui se
reflète dans l'ancien miroir que maman m'a donné voilà
combien d'années combien de siècles   (départ indispensable étouffante atmosphère) papa déjà se ramollissait cour-
bait l'échine les discussions les coups de becs se faisaient
plus rares ((mais la nuit geignements voix assourdies craquements du sommier à travers le mur à travers la porte
petit enfant catastrophé dardements dépècements sangui-
naires adolescent squelettique frissonnant l'oreille au guet
déchaînements torrentiels)) les discussions pourtant per-
daient avaient perdu peu à peu de leur violence (mais
départ impératif atmosphère étouffante)   le démiurge pa-
ternel sombrait avait sombré peu à peu dans le néant dans
l'insignifiance   ne luttant plus démarcheur insécure (intrus
dans son propre foyer) ne luttant plus que pour assurer les
autres que pour protéger les autres les étrangers contre
les coups du sort   mais déjà trônait depuis longtemps
à la maison (dans l'atmosphère irrespirable de la maison)
le douillet messie catastrophique le potache prodige du
collège Stanislas   déjà grasseyant tiré à quatre épingles

déjà débitant un français de tapette et jetant sur les Canayens (aux r roulés) un regard contempteur   sombré soudain perpendiculairement (ce fort en thème) — lui administrer une série carabinée de coups de pied au cul — devenu subito — jubilation (déconfiture estomaquée de la *mater*) — vagabond gluant aux orteils crasseux (je culbute sa souillon qui se débat je l'immobilise d'une claque retentissante je lui plante mon phallus dans le ventre et me retire avec dédain   elle se traîne à mes pieds frémissante de plaisir elle me supplie de revenir sans même se rendre compte de la disparition de Julien clochard sanglotant qui écrasé près d'un réverbère   se tord les bras de désespoir)

Rassieds-toi Roch Barré   éloigne-toi de ce miroir où se reflète ton absurde figure poupine et tes oreilles de chimpanzé (la voix crispante de maman « le petit Jacot te ressemble mon grand pour sûr qu'il te ressemble il deviendra plus tard un dessinateur comme toi   ou même un ingénieur ») de nouveau ton cœur menace de reprendre son sourd galop   sépare-toi de ce miroir (que tu aurais dû briser jeter depuis longtemps dans la poubelle) cesse d'y grimacer (« tiens mon grand prends ça   prends ça puisque tu pars ça te fera au moins un souvenir ») cesse d'y retrousser tes lèvres d'y examiner tes incisives irrégulières piquées de points noirs d'y scruter tes épaisses gencives pyorrhéiques

« Prends ça mon grand »   escogriffe à la niaise figure à la gorge nouée prêt à partir ancien havresac au dos debout devant sa mère la camionnette chargée de mes deux coffres (de mes trésors d'adolescents cartes géographiques dessins de machines de voitures photos de baseballeurs de hockeyeurs collection de timbres-poste   comme j'étais naïf comme j'étais enfant) sur la cuisinière grésille un odorant rôti de porc   maman se retourne elle soulève vers sa joue (ou ses yeux peut-être ses yeux) un coin de tablier   si courte si tassée sur elle-même je la vois soudain la figure déjà ridée je la regarde   c'est ma mère je partirai je pars — nœud dans la gorge courroies me sciant les épaules — je la regarde   c'est ma mère (comment si courte si tassée sur elle-même moi si grand a-t-elle pu me porter me contenir) autrefois je l'aurais embrassée j'aurais essayé de l'embrasser   autrefois vers cette colossale cuisinière à gaz autrefois j'ai rampé vers ce noir container aux mystères innatteignables vers ce fourneau béant à l'haleine chaleureuse j'ai titubé jadis tout menu j'ai voulu toucher palper (« attention petit Roch attention mon petit Rococo c'est chaud ça brûle c'est méchant »)   escogriffe à la gorge nouée aux épaules meurtries par les courroies du havresac   « tu pars vraiment mon grand de même tu veux partir pour de vrai » parmi le vaporeux grésillement porcin (particules gouttelettes de graisse bondissant sûrement jusqu'à la hauteur des yeux) « attends attends une minute » prenant quand même le temps de tourner la clef de réglage pour raccoucir un peu les dards bleuâtres du brûleur ((le chouchou le messie refusant de manger un rôt calciné)) « attends je peux pas te laisser partir comme ça les mains vides attends » démarche déjà lourde jambes déjà variqueuses serrées dans des bas élastiques « tiens prends ça » au moyen d'un chiffon essuyant l'antique miroir essayant d'atteindre le fond des interstices les creux de la moulure frottant frottant « ça te fera au moins un souvenir » pendant que les courroies dans mes épaules s'enfoncent (tant mieux tant mieux) que les livres du havresac meurtrissent mes

reins (mais quelle importance   je pars je vais partir
j'aurais dû partir de nuit pour que nul ne me voie)
mais cesse donc escogriffe éméché cesse donc de te voir
cesse de regarder dans ce miroir lugubre ton absurde
figure à barbe chiche perchée sur un cou tendonneux
de mirer tes épaules d'une minceur burlesque qui dévalent
en pente abrupte jusqu'à tes bras démesurés   rien n'est
tragique et tout se vaut   ((mais Lorraine mais la mort
de Germain))   que ton cœur galope derechef en paix
dans la nuit mortuaire (en attendant le sommeil en attendant l'effet tardif du bourbon capiteux)   voilà deux jours
le cœur de Norbert Onésime Barré s'est arrêté (bientôt
ce sera le tien) voilà trois ans le cœur de Germain Savoie
a cessé de battre   je m'affale de nouveau sur le sofa
au coussin concave et maculé — vertige bénéfique remue-
ment stomacal — l'indestructible Germain ((qui m'a ravi
Lorraine non non)) Germain que j'aimais tant (mort depuis
trois ans est-ce possible) dont retentissait si clair sous
les poutres rugueuses le rire cascadant là-bas dans l'antique
masure où Lorraine disait « Roch voyons sois sage » disait « voyons si Germain nous voyait » mais ne faisait
pour se dégager que des efforts douteux en dépit de la
moulure qui lui labourait les reins alors que dans la fissure
soyeuse de sa poitrine tâtonnait ma langue éthylique
cependant que le rire ((détesté)) là-bas dans la cuisine
semblait s'enfler se distendre s'engager dans le couloir
comme un pas comme une série de pas cloutés claquant
sur le parquet mitraillant les murs le plafond   « Roch
sois prudent que dirait Germain si » faisant vibrer les poutres les moulures d'éclats brutaux « je m'en fiche tu ne
l'aimes plus laisse-le tomber » rire viscéral et démentiel
cependant que plaqué contre le ventre de Lorraine se

165

dressait mon poignard érectile et triomphant   tournant
le dos au miroir ovoïde accroché là-bas au mur squameux
mon verre toujours recommencé de bourbon à la main me
revoilà debout (par quel hasard quel sortilège ne suis-je
pas encore endormi) par la lucarne embuée je regarde la
ville nocturne et le remous des toits cœur derechef au
galop (arythmique) dont le sabot claque contre mon tym-
pan (jadis contre les murs et le plafond le rire obsédant
de Germain) coup de tambour suivi d'un chuintement
tambour   chuintement   tambour   chuintement   tambour   dans les méandres de ton cerveau palpite encore
l'image de Lorraine   revue hier au salon près du cercueil
(après combien de mois)   petite Lorraine d'abord toute
menue (à vastes lampées mon bourbon dans ma gorge) —
exaltation — toute menue tête mouvante dont je tirais les
nattes rousses « Roch tu me fais mal je vais le dire à
ta mère » (mais elle ne le faisait jamais) tirais les nattes
lourdes (sensation élastique de crin au creux de ma paume)   quand elle rentrait de l'école (en compagnie d'Anita)
grands yeux bleus aux cils immenses   tirais les nattes —
sensations péniennes constriction anale — tous deux elle
et moi sous le balcon blottis jouant à la cachette au pirate
au voleur serrés l'un contre l'autre moi tirant ses nattes
elle disant à demi-voix « ne fais pas ça ça me fait mal »
mais restant blottie là accroupie entre mes jambes à
chuchoter « ne fais pas ça Roch si tu continues je vais
m'en aller » pendant qu'Anita nous cherchait sans conviction (jouant les mères ou les gendarmes) mais nous
n'avions pas peur d'elle nous étions tapis nous étions
cachés je maintenais d'une poigne ardente ma monture
sous le balcon clair-obscur au pourtour latté qui découpait
des losanges soleilleux sur la peau douce un tantinet tavelée

166

sur les cheveux roux de Lorraine qui disait parfois (mais sans conviction) « tu me fais mal pourquoi fais-tu ça » sentant déjà peut-être sentant sûrement que ces tirages étaient caresses   sentais-je moi déjà dans le durcissement de mon sexe dans mon exaltation dans ma dilatation l'homme futur l'adulte ((inachevé — non non)) — anxiété — vite vite reviens petite Lorraine tenue maintenue contre moi je me pressais contre elle je la pressais entre mes jambes — exaltation dilatation — cependant que maman criait à Anita et à moi qu'il était temps de rentrer   pauvre Anita si obéissante si complaisante qui lançait inquiète anxieuse « Roch Lorraine il faut que je rentre   Roch maman nous appelle » mais je tenais dans chaque main guides soyeuses voloptueuses dans chaque main une tresse rousse — puissance lévitation — « ne réponds pas Lorraine » exerçant sur mes rênes un tirage significatif la bouche collée à son oreille « je te défends de répondre je te défends de bouger Lorraine » je galopais nous galopions de concert cavale et cavalier dans les steppes immenses de la Russie à la poursuite du tyran plus vite toujours plus vite pétaradaient sur le sol dur les sabots implacables pendant que mon cœur fort indestructible galopait en cadence dans ma poitrine martelée martelante   mes oreilles où vibrait un ouragan de vitesse percevaient à peine l'appel étouffé de la reine ma mère mais il me fallait du roi mon père réparer la négligence consolider le trône il me fallait châtier le chef mongol (son ex-allié son ancien alter ego) qui fuyait devant nous ventre à terre monté à poil sur sa jument brutalisée   peut-être était-il encore l'allié secret l'alter ego du roi mon père peut-être même — pulsation dérapage dans ma poitrine — peut-être même avait-il (contre moi) conclu un pacte secret avec la reine ma mère la nuit

167

dans quelque alcôve obscure de notre palais délabré
c'est pourquoi maintenant (lucidité révélation catastrophique) c'est pourquoi son rire sonore et triomphal vibrait se
réverbérait de plus en plus fort sous le ciel bas sous
le ciel écrasant de Montgolie strié de nuages lourds comme
des poutres   couvert de sueur et de poussière je re-
nonçais (oui oui volontairement) à cette poursuite corro-
sive   un dard au cœur (tambourinage thoracique) je don-
nais à ma monture naseaux fumants gueule écumante un
violent coup de guide « Roch tu me fais mal Roch si tu
continues je vais m'en aller » mais elle ne partait jamais
petite Lorraine si douce si gentille emportée à son insu
dans d'innombrables chevauchées fantastiques (mais toujours
fidèle)   Lorraine adolescente à la longue fluviale chevelure mordorée   que je ne touchais plus   que j'admirais
de loin   sacralisée   jeune fille (au cœur sûr au cœur
fidèle) si douce si gentille   présentée un jour (pourquoi
pourquoi) à Germain Savoie   Lorraine (au cœur perfide
oubliant tout — mais tu ne t'occupais pas assez d'elle
escogriffe loufoque terré dans ton galetas — non non —
penser à autre chose)   veuve de Germain (dard au
cœur) toujours belle toujours appétissante   revue hier
(près du cercueil près de maman au voile sombre) après
combien de mois   à qui hier j'ai serré la main dans
ce salon funèbre au plafond écrasant   mais ils sont morts
et je suis vivant ((Germain englouti puni dans l'enfer
abyssal))   mais papa au fond faible étranger en somme
sympatique   fuyant son foyer jour et soir pour se défendre
(pour vendre aux autres une assurance qu'il n'avait pas)
faible cœur maintenant arrêté (que j'ai peut-être aimé
qui m'a peut-être à sa façon aimé)   mais pourquoi vieille
rancune vieille rancœur — coup de bourbon — pourquoi

m'a-t-il transmis ce cœur arythmique ces artères bourbeuses — coup de bourbon — alluvions gluantes (et lentement létales) se collant et durcissant le long des parois tubulaires cependant que les valvules peinent et s'épuisent languettes graciles grugées avariées par l'implacable torrent écarlate — coup de tambour et chuintement coup de tambour et chuintement — hier ce fut lui demain ce sera moi mais qu'y puis-je et au fond quelle importance   en attendant escogriffe en sursis je reste debout stupidement devant ma lucarne cintrée (ouvrant sur un monde douteux sur un monde spectral) je reste debout à inventer les sombres bosselures des toits les striures oscillantes d'un arbre décharné et l'aube anémique infusée d'un sang pâle   déjà dans un gargouillis pâteux s'inverse le flot vermeil les caillots implacables s'étranglent dans l'entonnoir catastrophique   pâle figure paternelle décomposée râlant d'un râle atroce bouche béante et caverneuse tâchant en vain de pomper encore un peu d'air scaphandrier sans tuyau titubant chavirant au fond d'un abysse longues mains sèches et griffues labourant le drap (déjà mortuaire) bientôt ce sera toi escogriffe livide imbibé d'alcool qui perçois ton fantôme spéculaire derrière la double vitre de ta lucarne fuligineuse   Mais — vertige — tu es encore vivant et ils sont morts

Après avoir éclusé ton dernier bourbon tu frictionnes tes maigres jambes irriguées d'un sang chiche tu étires tes interminables bras vers le plafond tu passes près du réchaud (au bout duquel se tord un rouge tuyau fendillé) puis les paupières et les membres enfin lourds en ce surlendemain de la mort de ton père   tu te diriges d'un pas chancelant vers une chambre   pas encore mortuaire

VII

ANITA

Enfin elle est partie (sa démarche saccadée sa silhouette
filiforme le claquement décroissant de ses bottillons sur
mon trottoir d'entrée) elle est partie — respiration plus
lente soulagement — elle a bien failli m'avoir j'ai bien
failli dire oui « ma bonne Anita ma chère Anita » (ses
yeux implorants son masque tourmenté) « ma bonne Anita
ma chère Anita j'aurais un petit service à te demander » —
attendrissement — (demande demande petite sœur maigre
que puis-je te refuser   ne venons-nous pas de subir
ensemble une perte irréparable de sortir ensemble notre
mouchoir   presque de pleurer ensemble)   mais m'a-t-elle
rendu ce matin visite (une de ses rares très rares visites)
uniquement par   intérêt   nullement par affection —
tritesse abattement — ses yeux ont-ils vraiment roulé
dans l'eau sa voix vraiment tremblé d'émotion lorsqu'elle
a dit « ma bonne Anita ma chère Anita comme je suis
contente de te voir comme je me sens bien chez toi en ta
compagnie » (c'était peut-être l'oblique rayon de soleil
filtrant à travers le store qui accrochait à son œil ce

171

reflet luisant peut-être la fatigue des derniers jours qui lui ébréchait la voix ou ses nuits dévergondées avec Roberto) la voix de maman « Berthe a toujours été une avide une affamée elle est faite comme ça on n'y peut rien elle a toujours une idée derrière la tête » tous ces compliments (j'aurais dû m'en douter) toutes ces minauderies c'était pour m'entortiller pour m'endormir voix de maman « tu es une naïve Anita tu es trop bonasse » (voix de la sagesse sauvegarde indispensable) un petit service Berthe appelle ça un petit service garder son mistigri tous les jours (visage chafouin œil louche oreilles pointues de singe agité crispant) merci mon Dieu que Josette que Jean-Denis ne soient pas comme lui voix de la sagesse « ne te laisse pas manger la laine sur le dos Anita » non non il faut que je protège la tranquillité la sécurité de ma Josette de mon Jean-Denis qui sont de si bons enfants mais un moment de plus à regarder ses yeux larmoyants (Berthe a toujours été actrice) à écouter sa voix brisée et j'étais perdue merci mon Dieu de m'avoir permis de me ressaisir à temps ((mais ses yeux larmoyants sa voix brisée sa souffrance — je suis la méchante sœur aînée grasse et riche qui refuse de secourir sa cadette maigre et pauvre)) merci merci mon Dieu la voix énergique la voix sécurisante de l'abbé Latour « vous êtes une bonne mère Anita vos enfants ont de la chance » — euphorie chaleur dilatante — mais comme je me sens lasse moi qui n'ai pourtant rien fait ce matin (mais comme cette Berthe est fatigante) mais si je suis si lasse c'est à cause de la perte de mon papa chéri j'ai tant pleuré hier en rentrant du Salon j'ai si mal dormi encore quelques moments de repos dans ce fauteuil (trop mou trop profond) et je vais me lever

172

je vais presser le pantalon de Jean-Denis raccourcir —
malaise incertitude — raccourcir la robe de Josette (dar-
dante sensation ce matin en entendant le coup de sonnette
en apercevant à travers le rideau la silhouette de Berthe
« maman est malade maman est morte un malheur n'arrive
jamais seul ») mais non — soulagement — mais non
maman est en bonne santé maman a admirablement réglé
elle-même avec l'entrepreneur tous les détails des funérailles de papa   beaucoup mieux que moi lors
de la mort de mon pauvre Charles   mais moi j'étais alors
jeune veuve de vingt-trois ans sans expérience avec deux
petits enfants sur les bras (merci mon Dieu — anxiété —
merci de ne pas m'avoir donné le troisième enfant que
je désirais)   maman va quand même connaître à son
tour ce que c'est que d'être veuve — rancœur — (« pourquoi ne te remaries-tu pas Anita   Claude Gingras serait
un bon parti Anita ») mais moi je vais la laisser en
paix je ne me fourrerai pas le nez dans son ménage (mais
si j'avais accepté si j'acceptais de garder Jacot maman
connaîtrait alors tout le poids de la solitude — car ce n'est pas
Gaétane qui lui tiendra compagnie — elle deviendrait veuve
ravagée pleurant la mort de son mari vieillarde ratatinée
pleurant le départ de son petit-fils Jacot — comme elle a
pleuré le départ de son fils Julien — non non jamais je ne
la priverai de Jacot moi bonne fille dévouée   mais
pourquoi tient-elle tant à Jacot (petit énergumène détes-
table)   Josette et Jean-Denis ne sont-ils pas aussi ses
petits-enfants (et ils sont autrement gentils autrement bien
élevés que le mistigri)   quel plaisir peut-elle avoir femme
déjà vieillissante à garder jour après jour ce garnement
(« tes enfants sont-ils toujours tranquilles Anita sont-ils
toujours sages comme des images ») à lui laisser tout

bouleverser chez elle   (comme Julien autrefois)   au fond
Berthe a raison Berthe n'est pas bête   le petit serait
mieux ici que chez maman femme vieillissante quasi-
vieillarde je l'ai senti je l'ai compris en écoutant Berthe
(qui n'est pas bête au fond)   mais je me dois d'abord
à mes enfants à ma Josette à mon Jean-Denis (mais n'as-tu
pas aussi des devoirs envers ton neveu envers ta sœur
cadette)   la voix rassurante de l'abbé Latour « vous avez
l'âme trop sensible Anita vous vous faites des scrupules
pour rien »   (qu'est-ce que je ferais sans lui qu'est-ce
que je ferais sans l'abbé Latour   merci mon Dieu d'avoir
permis que nos chemins se croisent)   il viendra ici
sans doute jeudi après-midi comme d'habitude il s'assoira
en face de moi sur le sofa en prenant le thé ou le café
si par hasard par délicatesse (à cause de la mort de papa
que j'ai tant aimé) si l'abbé Latour par respect   pour
mon chagrin ne vient pas jeudi je l'appellerai moi-même
vendredi « excusez-moi monsieur le vicaire de vous déranger »   sa voix vibrante au bout du fil « mais voyons
Anita vous ne me dérangez jamais »   douceur d'être deux
dans ce salon douillet au tapis mœlleux l'abbé Aurélien
assis en face de moi assise dans ce fauteuil profond trop
profond ((crainte continuelle même placée de biais cuisses
serrées taille rigide   crainte constante de montrer un
rebord de jupon une attache de jarretelle   non non))
douceur d'être deux dans ce salon douillet en prenant le thé
ou le café   chaleur réconfort de pouvoir lui parler de
mes problèmes de mes inquiétudes de pouvoir écouter
ses conseils parfois même ses confidences   qu'est-ce que
je ferais sans lui   Anita Bachand veuve inutile et
désœuvrée menant une petite existence terne sans idéal
paroissienne perdue parmi le troupeau anonyme des autres

174

paroissiennes   non non   je ne pourrais pas je ne pourrais plus   merci mon Dieu   mais lui aussi — douceur chaleur — l'abbé Aurélien Latour aussi a besoin de moi saint homme jeune prêtre ascétique trop bon trop bon en butte aux tracasseries aux persécutions du vieux (dégoûtant) curé Crachin (Seigneur pardonnez-moi je n'en veux pas à son âme) Aurélien Latour apôtre infatigable pasteur dévoué surchargé de travail harassé par de vieilles dévotes de vieilles sangsues (Seigneur pardonnez-moi) mais pourquoi Aurélien doit-il pourquoi interrompre la préparation de ses sermons afin d'aller (comme un simple commissionnaire) acheter des escargots des friandises pour le vieux goinfre (dégoûtant et gâteux) à la charcuterie du coin saint homme trop bon trop bon « mais pourquoi le laissez-vous faire Monsieur l'Abbé pourquoi ne résistez-vous pas »   son teint clair qui s'empourpre sa main qui s'élève et s'abaisse à plusieurs reprises — sentiment d'intimité de chaleur — sa voix qui frémit malgré lui   « monsieur le curé est mon supérieur Anita je lui dois soumission et obéissance » saint saint saint homme (moi toute petite moi pécheresse indigne auprès de lui) pasteur incomparable martyr surhumain parvenant à se maîtriser au prix de quels efforts moi seule le sais   moi la seule à qui il peut se confier — boule de chaleur qui palpite au creux de l'estomac — (mais il faut que je quitte ce fauteuil il faut que je cesse de rêvasser je dois raccourcir la robe de Josette presser le pantalon de Jean-Denis)   quand dissimulée derrière le rideau le mardi le jeudi après-midi quand je le vois par la fenêtre s'avancer à grands pas brusques les sourcils froncés saluant à peine les passants d'un bref coup de tête je sais je sais qu'il a eu des ennuis avec le vieux gâteux (seule seule entre toutes à le

175

savoir à le deviner — chaleur intense dans le ventre dilatation) j'ouvre la porte « bonjour Anita » il s'avance à
grandes enjambées jusqu'au centre du salon en tordant son
béret entre ses mains   je sais moi seule je sais et je
comprends   alors tout de suite je me mets à lui parler
de mes ennuis à moi en les exagérant souvent en les
inventant même parfois de toutes pièces (Seigneur pardonnez-moi) alors peu à peu — chaleur ventrale dilatation —
peu à peu il se calme il redevient lui-même ((vivre toujours
avec lui le protéger toujours contre toute contrariété)) son
mal de tête son brûlement d'estomac s'apaisent peu à peu
il se détend il s'excuse il dépose sur la table son béret
tordu que je prends que je défroisse et lisse en y glissant
et reglissant ma paume   « comme vous martyrisez votre
béret monsieur l'abbé »   son sourire son hochement
de tête de petit garçon — adoration fringale subite — vite
vite je vais pendre le béret à la patère vite sans détourner
la tête je me dirige vers la cuisine pour préparer le thé
ou le café   je sais maintenant quelles tartelettes il préfère
(aux abricots saupoudrées de noix) quels petits fours il
affectionne (les éclairs à l'érable) je sais je sais   ayant
observé jour après jour visite après visite lesquels il
choisissait lesquels tout en parlant il cueillait sur mon porte-
douceurs   satisfaction de lui préparer ces douceurs de
m'affairer autour du fourneau pendant des heures en
attendant sa venue   déception lorsqu'il ne peut s'en régaler
« non merci Anita pas aujourd'hui   j'ai l'estomac un peu
dérangé »   son teint pâle sa figure souffrante — saisisse-
ment au cœur — « j'espère que vous n'avez pas mangé
encore du porc frais monsieur l'abbé »   « je mange ce
qu'on me sert Anita   c'est monsieur le curé qui décide »
((servir de la boëtte au vieux cochon   le parquer dans une

176

soue fangeuse   seuls lui et moi dans une île déserte   il
est mon prisonnier enfermé à double tour dans une cellule
sans fenêtre   je lui fabrique des repas infects je lui sers
du cheval caoutchouteux des tartes plâtreuses   il a d'atroces
maux d'estomac il dégobille à s'en décrocher les tripes))
« prenez au moins un peu de thé monsieur l'abbé
trempez-y quelques biscuits ça se digère tout seul ça vous
replacera l'estomac » — euphorie chaleur — il viendra sans
doute de lui-même jeudi après-midi (à moins que par
délicatesse à cause de la mort de papa il ne juge bon de
s'abtenir   alors c'est moi qui l'appellerai)   nous parlerons
sans doute nous parlerons de papa (pauvre papa)   demain
de nouveau le Salon après-demain les funérailles   penser
davantage à papa prier pour lui que j'aimais tant   après
avoir parlé de la mort de papa nous parlerons sûrement
de Berthe et de Jacot   raconterai-je en détail la visite de
Berthe ses flatteries ses cajoleries (et si Aurélien me
conseillait de garder le petit non non) parlerai-je de
Roberto — malaise inquiétude — (ne pas succomber à la
médisance à la calomnie devant monsieur le vicaire   ne
pas lui donner l'impression que je méprise ma sœur)
d'ailleurs Aurélien est au courant de la liaison de Berthe
mais alors pourquoi agit-il comme si de rien n'était pourquoi continue-t-il à lui rendre visite à prendre le thé chez elle
le samedi après-midi   et que peut-elle bien lui servir
(ménagère lamentable cuisinière au-dessous de tout
maintenant qu'Albert n'est plus là pour l'aider son logement doit être une drôle de porcherie)   elle doit lui
servir ses éternels biscuits indigestes à la guimauve qui
traînent toujours dans ses armoires   saint homme pasteur
ascétique l'abbé Latour mastique avale sans sourciller
un deux trois biscuits il remercie Berthe il lui sourit ((non

non)) car il veut la convertir la ramener dans le droit chemin (ces visites pastorales du samedi c'est quand même
une façon d'éloigner temporairement Roberto)   mais
qu'est-ce que Roberto peut bien trouver d'attirant chez
Berthe (immigrant affamé sautant sur la première femelle
venue — non non Seigneur pardonnez-moi) femme décharnée à la peau jaunâtre sans croupe et sans poitrine (mais
qu'est-ce que je fais des miennes à quoi me servent-elles
non non)   la corsetière l'autre jour (mais c'était sans
doute pour pousser la vente) « comme vous êtes chanceuse
Mame Bachand d'avoir un buste comme ça»   mais
qu'est-ce que j'en fais depuis la mort de Charles ((non non
pas responsable de sa mort))   Anita Bachand veuve intou-
chée intouchable (touchée une seule fois depuis — contre
son gré — par Claude Gingras mais pourquoi repenser à
Claude que j'ai revu aujourd'hui sans un tressaillement)
femme d'un seul homme   impossédée depuis la mort de
Charles   comme tout cela est loin (et pourquoi y attacher
tant d'importance) pénibles souvenirs pénible lune de miel
premières nuits crispantes ((par la faute de maman)) jeune
épouse innocente en voyage de noces   surprise de s'appeler Madame Bachand   perdue dans les vastes U.S.A.
en compagnie de Charles cet étranger   jeune mariée
essayant (le jour) de s'intéresser à New York à Philadelphie
à Washington s'efforçant de sourire de regarder les étalages
des magasins la foule les monuments mais tout le temps
appréhendant la nuit dans des chambres inconnues dans
des lits anonymes jeune ingénue angoissée écartelée entre
la crainte de déplaire à Charles et la peur du péché   voix
de maman avertissement de maman « tu te maries ma fille
c'est très bien   Charles est un bon parti mais ((mais n'était-
ce pas elle qui m'avait poussée à ce mariage)) mais le

178

mariage Anita n'est pas toujours un lit de roses   des fois
les hommes changent Anita il faut se méfier   au lit les
hommes changent parfois de manières et de caractère »
jeune fiancée inquiète écoutant sa mère écoutant la voix
de l'expérience (qui parlait pour son bien)   jeune fille
anxieuse observant scrutant son tranquille fiancé et se
demandant quel changement quelle transformation il pourrait bien subir après le mariage quelles sévices (lui si
accommodant si rempli d'attention) il pourrait bien tenter
d'exercer sur elle   comme je me sentais vulnérable et
seule comme j'aurais souhaité me confier à quelqu'un
(mais toujours maman   rien qu'elle avec ses avertissements
mystérieux ses conseils à double tranchant) « bien sûr
il faut faire son devoir d'épouse ma fille mais d'un autre
côté il ne faut pas laisser les hommes aller trop loin » (lui
fermer la bouche lui dire de s'arrêter)   appréhension
crispation dans un hôtel newyorkais   jeune mariée se
mettant au lit et fermant les yeux pour ne pas voir ce
membre dressé cet air hagard sur la figure de Charles « les
premières fois ça va te faire mal ma fille mais il faut passer
par là si on veut avoir des enfants » (qu'elle se taise
qu'elle se taise donc a-t-elle vraiment voulu avoir des
enfants sauf Julien) maman maintenant seule comme moi
elle va savoir ce que c'est que la solitude elle va y goûter
(et si je lui enlevais Jacot ce serait encore bien pire
non non)   pénibles lointains souvenirs maintenant (sans
doute) sans importance   pauvre Charles déjà langoureux
déjà languissant dès la fin de notre lune de miel (se déme-
nant trop s'agitant avec excès nuit après nuit à New York
à Philadelphie à Washington à New Orleans) mais comment
aurais-je pu m'en douter couchée sous lui en regardant
des plafonds inconnus et me disant « bientôt il va se calmer

179

bientôt nous allons dormir »   jeune femme déjà enceinte
et euphorique (si c'est un garçon je l'appellerai Jean-Denis
si c'est une fille nous l'appellerons Josette) vaquant le jour
aux soins du ménage et disant le soir (risibles frayeurs de la
lune de miel) dans la chambre conjugale disant le soir en
regardant le plafond familier « repose-toi Charles   à quoi
bon te mettre dans cet état à quoi bon t'épuiser ainsi »
la voix de maman (qu'elle me laisse en paix   qu'elle
me laisse donc vivre ma vie) « es-tu sûre Anita que ton
mari n'est pas malade il a le visage affaissé il a des poches
sous les yeux »   après quelques mois de grossesse (si
c'est un garçon je l'appellerai Jean-Denis ou peut-être
Ghislain) couchée sur le côté à côté de Charles je me
disais « il est normal que Charles se repose un peu il
travaille si fort au bureau » je me disais « il craint
peut-être de me faire mal il craint peut-être d'écraser
l'enfant   mais tout va bien nous sommes heureux »
après la naissance de Josette je me disais « c'est sans
doute pour me laisser le temps de me rétablir tout à fait
mais je suis rétablie » puis je me disais « peut-être ne
veut-il pas avoir d'autres enfants » (mais peut-être était-il
déjà malade peut-être déjà de petits caillots de sang se
formaient-ils dans ses artères) non non   tout allait bien
je nourrissais je soignais je dorlotais Josette j'étais heureuse   mais tout en soignant tout en dorlotant Josette
je me disais « j'aimerais bien avoir aussi un garçon »
quoi de plus naturel pour une femme que de vouloir un
garçon   couchée sur le dos dans notre grand lit (comme
Josette repose bien dans son berceau comme je suis
contente comme j'ai produit une petite fille saine)   couchée
d'abord sur le dos dans notre grand lit familier dans la
chambre claire-obscure je me tournais peu à peu vers

180

Charles (non non il n'a pas le souffle plus court qu'avant) je me suis peu à peu tournée vers lui qui dormait peut-être (mais pourquoi repenser à tout cela   c'est à cause de la mort de papa que toutes ces idées funèbres me trottent dans la tête)   mais rien n'est arrivé (comment aurais-je pu prévoir)   jeune maman enceinte de nouveau (si c'est un garçon mon Dieu faites que ce soit un garçon je l'appellerai Jean-Denis)   rien n'est arrivé tout s'est bien passé   la voix de maman entendue dans un demi-sommeil « c'est un garçon Anita c'est un beau petit garçon   tu as maintenant deux beaux enfants »   joie pénétrante enveloppante tout allait bien (même si Charles avait peut-être le souffle un peu court mais à quarante ans n'est-ce pas normal)   tout allait bien nous avions deux beaux enfants nous étions heureux mais pourquoi peu à peu me suis-je mis dans la tête d'avoir un troisième enfant (ensuite aurait-ce été un quatrième un cinquième   même un sixième)   la voix lasse de Charles « il faudrait peut-être mieux nous arrêter là Anita   les enfants tu sais ça coûte cher »   pourquoi en voulais-je un troisième   Josette et Jean-Denis à dix-neuf mois d'intervalle n'était-ce pas suffisant ((mais maman en avait eu cinq   l'égaler la surpasser)) mais j'ai attendu quelque temps j'ai entendu quelques mois mais un soir le 21 mars (Seigneur pardonnez-moi mais Charles était mon mari il n'y avait dans ma conduite rien de répréhensible) lavée poudrée parfumée avec soin (je suis trop grasse c'est pour ça qu'il ne me touche plus) sans pyjama je me suis glissée entre les draps (mon Dieu accordez-moi un troisième enfant j'en ferai un bon chrétien un fidèle serviteur de votre Eglise) tout était calme moi étendue sur le dos dans le grand lit   Josette et Jean-Denis dormant dans leur

181

chambre dans leurs petits lits ((égaler maman   la surpasser)) lorsque Charles est entré dans la chambre (œil
terne teint cireux il doit être malade) lorsqu'il a soulevé
le drap il a eu (peut-être) un (léger) mouvement de recul
puis sans un mot il s'est étendu il s'est collé contre moi
(à quoi pense-t-il m'aime-t-il est-il content de m'avoir pour
femme)   restant un long un très long moment tout à fait
immobile (comme s'il voulait durant cette pause accumuler
des forces et du courage) puis se mettant doucement à me
bécoter (il m'aime c'est mon mari c'est le père de mes
enfants) puis peu à peu son membre contre ma cuisse
se distendant se durcissant   Seigneur pardonnez-moi ((cette
masse de chair affaissée sur moi ce souffle râpeux non non))
mais comment eussé-je pu prévoir   mais ce n'est
sûrement pas ça qui a vraiment (le lendemain d'ailleurs
le lendemain seulement) causé sa mort   un coup de
sang une apoplexie ça se prépare petit à petit durant des
années   la voix du Dr Ferron (qui est un si bon docteur
qui comprend tout à demi-mots) « rassurez-vous madame Bachand ce ne fut là qu'une circonstance déclenchante »   mais
il vaut sans doute mieux mourir ainsi vitement comme Charles
(merci mon Dieu de lui avoir laissé le temps de se confesser
de communier de recevoir les saintes huiles) plutôt que dépérir
peu à peu comme papa durant des semaines des mois
des années   pauvre papa (que j'ai tant aimé tant pleuré
hier soir)   demain ce sera les funérailles (vite me lever
quitter ce fauteuil si je veux que la robe de Josette
soit prête à temps)   Charles au moins n'a pas souffert
longtemps mais pauvre papa sa lente son interminable
agonie (la voix rassurante de l'abbé Latour « votre père
a fait une mort exemplaire Anita ») pauvre papa (qu'est-ce
que ça veut dire un mort exemplaire) pauvre papa   comme

je l'ai aimé comme je l'ai assisté jusqu'au bout durant
ces quatre jours affreux comme j'ai entendu jusqu'au
bout sa respiration sifflante   penchée sur lui au-dessus
de son lit (moi bonne fille dévouée faisant son devoir)
malgré son haleine fétide essuyant le liséré blanchâtre qui
se formait sans cesse le long de ses lèvres   pourquoi
mon Dieu toutes ces souffrances ces râles affreux ces étouffe-
ments (qu'est-ce que ça veut dire une mort exemplaire
non non   que votre volonté soit faite)   seule avec
maman (Jacot mené hurlant trépignant chez la voisine)
moi penchée au-dessus du lit union intense serrant la main gauche de papa la main droite
de maman union intense symbiose attendant tous
trois la venue du prêtre ou peut-être seulement
toutes deux maman et moi car ce pompage poussif ce gargouillis ces bulles de salive crevant à la surface étaient
peut-être tout ce qui restait de papa et la pression spasmodique de ses doigts   son âme sans doute déjà demi-
détachée sa conscience terrestre déjà quasi-éteinte
j'avais encore dans les oreilles les cris stridents de Jacot
qu'il m'avait fallu traîner chez la voisine qui disait ahurie
« bon puisqu'il s'agit de mortalité » même la porte fermée
les hurlements de Jacot me parvenaient encore aux oreilles
atroce enfant (mais pauvre petit peut-être sentait-il obscurément planer la mort sur le grand-père qu'il avait sans
doute aimé à sa façon et qui à petits pas sclérosiques
le conduisait l'été si souvent au parc)   je les voyais passer
le matin de ma fenêtre la démarche de papa déjà raide
mécanique la figure déjà figée le masque déjà à demi-
inerte incapable d'exprimer ses sentiments ses états d'âme
(à quoi pensait-il se savait-il déjà condamné)   il me
saluait de la main avec ce qu'il aurait sans doute voulu

être un sourire mais n'était plus déjà qu'une espèce de
grimace comme dans l'attente d'une douleur mais peut-être
ne souffrait-il pas   peut-être ne souffrait-il déjà plus dans
cette chambre funèbre et sulfureuse aux stores baissés
comme des paupières (ses paupières toujours closes ne
ressemblant déjà plus à de la chair vivante non non) —
nausée vertige — moi penchée sur lui essuyant ses lèvres
violettes essuyant sa langue grisâtre entendant toujours
grincer contre mes tympans ce râle rauque interminable
(cheval poussif tirant traînant tous muscles raidis encolure
meurtrie par le collier le long d'une pente abrupte une
charette atroce) au milieu des longs soupirs de maman   le
prêtre ne va-t-il pas arriver bientôt portant les saintes
huiles (ne sera-t-il pas trop tard n'aurions-nous pas dû
l'appeler plus tôt) mais cet affreux petit Jacot nous faisait
perdre la tête avec sa camionnette qu'il poussait à quatre
pattes autour du lit en imitant le vrombissement d'un
moteur le lugubre hurlement d'une sirène (mon Dieu
pardonnez-moi   comme je déteste cet affreux gamin)
je le traîne je le tire hurlant trépignant (lui flanquer une
paire de claques lui mettre un bâillon) vers la maison de
la voisine quelques passants me regardant d'un air désapprobateur une passante demande « qu'est-ce qu'il a il va
s'étouffer » (lui dire de se mêler de ses affaires lui
flanquer à elle aussi une paire de gifles) « son grand-père
vient de mourir »   mon Dieu pardonnez-moi pardonnez-
moi papa n'est pas (encore) mort   pauvre petit Jacot
pauvre petit névrosé   ce vrombissement de camion ces
bruits de sirène c'était peut-être sa façon à lui de chasser
la peur d'éloigner l'angoisse   comme son grand-père
va lui manquer lui qui le menait si souvent l'été jouer au
parc Lafontaine   je les voyais passer presque quoti-

184

diennement de ma fenêtre l'un tirant l'autre   papa me saluait d'un geste qui voulait dire « tu vois nous sommes pressés »   pourquoi ne l'ai-je jamais invité à entrer ici prendre un thé ou un café   il était peut-être il était sans doute fatigué ses articulations le faisaient sûrement souffrir   pourquoi ne suis-je jamais sortie sur le balcon pour l'inviter (mais le petit singe se serait mis à piailler à hurler)   mais pourquoi papa lui-même ne s'est-il jamais arrêté (pour voir sa fille aînée pour voir sa petite-fille Josette son petit-fils Jean-Denis) avec quelle joie je l'aurais accueilli — malaise inquiétude — la voix de maman (la chasser la chasser) « ton père n'a jamais été un homme affectueux Anita   si on cherche de l'affection c'est pas de ce côté-là qu'il faut se tourner »

Cette fois je me lève je me lève pour de bon cette fois j'entre dans la cuisine je sors la planche à repasser je me dirige vers la penderie où se trouvent la robe de Josette le pantalon de Jean-Denis   il faut que mes enfants soient bien mis bien propres pour les funérailles de leur grand-père qui les aimait tant et qui aura un servive de première classe   mon Dieu faites que ce soit l'abbé Latour qui officie   mais même si ce n'est pas lui qui officie il assistera sûrement aux funérailles et il voudra sûrement ensuite discuter avec moi du déroulement de la cérémonie parler du nombre des parents amis connaissances venus rendre un dernier hommage à la mémoire de papa l'abbé Latour viendra sûrement ici jeudi après-midi ou jeudi soir (si par égard pour mon profond chagrin il ne vient pas jeudi je l'appellerai vendredi) car qu'est-ce qui arriverait à son prochain sermon s'il ne pouvait comme d'habitude venir ici m'en exprimer les idées principales (moi servante du Seigneur sur qui il fait l'essai de ses

185

arguments de son éloquence moi auditrice indispensable buvant ses paroles l'aidant parfois d'une remarque d'une appréciation   osant parfois lui suggérer une coupure ou un développement supplémentaire) car dimanche ce sera de nouveau à son tour de prêcher   après la messe de huit heures je reviendrai vite à la maison pour préparer le petit déjeuner de Josette et de Jean-Denis (qui se lèvent si tard qui traînassent si abominablement au lit le dimanche)   ayant avalé une bouchée j'aurai le temps de retourner à l'église pour la messe de dix heures (me faufiler au besoin m'installer dans les derniers bancs pour ne pas déranger les autres fidèles si l'introït est commencé) entendre deux fois ses sermons (vibrations dilatations enrichissantes) ce n'est pas trop pour tout saisir pour bien m'imprégner de ses paroles afin de pouvoir ensuite seul à seule en discuter avec lui en détail ici dans ce salon en prenant le thé ou le café   ça lui fait tellement plaisir homme sensible pasteur d'une délicatesse exquise lorsqu'il se rend compte que j'ai bien écouté que j'ai même noté les variations entre son prône de huit et celui de dix heures (ou même de midi — mais les enfants se plaignent lorsque le déjeuner retarde trop)   ce plissement à la racine du nez ce frémissement de ses narines je les vois je les vois   douceur de connaître ses petites particularités bonheur de vivre un peu dans son intimité   lorsque je lui fais des compliments sur son dernier sermon j'entends j'entends son petit raclement de gorge avant qu'il ne se remette à parler   homme de Dieu saint homme mais homme quand même et combien touchant   combien touchantes ces petites réaction spontanées qui lui échappent qui échappent à sa discipline d'ascète   je l'entendrai prêcher deux fois dimanche (peut-

186

être trois peut-être trois peut-être déciderai-je d'envoyer les enfants déjeuner au restaurant) vêtue de noir une voilette devant les yeux (à cause de la mort de papa qui est sûrement en paradis) je me glisserai dimanche à huit heures à dix heures et à midi dans les derniers bancs de l'église (pour que ma présence ne dérange pas Aurélien) paroissienne anonyme perdue parmi les autres (cachant aux autres mes relations avec l'abbé Latour) j'entendrai j'écouterai sa voix virile se répercuter sous les hautes voûtes sa voix tantôt douce et insinuante (pour persuader pour séduire) tantôt terrible et fulgurante (pour fustiger les tièdes pour cravacher les sépulcres blanchis) — frémissement de tout mon corps — « honte et malheur mes frères mes sœurs à ceux qui doutent de la sagesse et de la justice de Dieu » Seigneur pardonnez-moi cette épée vengeresse m'est destinée je suis coupable j'ai douté de votre justice moi créature aveugle pécheresse sans discernement j'ai mis en doute votre sagesse lorsque vous vous faites représenter sur terre par de vieux goinfres gâteux pour éprouver notre foi — larmes de repentir baignant mes yeux horripilation envahissant mon corps et mes membres — merci mon Dieu merci de nous avoir donné ce saint homme ce foudre d'éloquence le même est-ce possible est-ce possible que ce soit le même homme qui viendra dans mon modeste salon se restaurer après-demain ou vendredi s'asseoir là dans mon divan pour se confier un peu à moi (pendant que sans bruit précautionneusement je verserai le thé ou le café)

Mais quel étrange engourdissement quelle torpeur inusitée m'immobilisent en face de cette penderie (Berthe est partie depuis longtemps maman n'est pas malade je suis en bons termes avec l'abbé Latour) quel bizarre

malaise s'empare de moi en ouvrant cette porte en saississant
cette robe de deuil achetée hier pour Josette ((sa posture
outrageuse l'autre jour affalée en face d'Aurélien   non
non))   jupe évasée à larges sinuosités flottantes (ne pas
la raccourcir ne pas la raccourcir) à la merci du vent
(mais retombant au moins entre les cuisses lorsqu'elle
sera assise)   je prends le pantalon je prends la robe
je referme la porte de la penderie je retourne à la cuisine   jupe trop large (trop courte) à la merci du vent
mais au Salon mais à l'église il n'y en aura pas   le
vent sifflait dans mes oreilles le vent glaçait mes grasses
petites jambes je trottinais à côté de papa — larmes mon-
tant à mes yeux — petite robe mauve de coupe analogue
je vais pleurer comme hier des sanglots vont me secouer
(Seigneur faites qu'il soit sauvé épargnez-lui les flammes
du purgatoire) petite robe mauve aperçue dans une vitrine
« qu'elle est belle cette robe mauve papa regardez comme
elle est belle » « oui ma Nita elle est très belle » — larmes
coulant en abondance imbibant mon mouchoir vastes sanglots spasmes profonds soulevant mon torse et mes épaules — grasse fillette mirant quelques instants son image
transparente à côté de son père (feutre à large bord visage
plissé épaules tombantes   papa a maigri papa est vieux)
puis trottinant de nouveau (où allions-nous quelle circonstance inusitée en ce samedi crépusculaire nous avait fait
sortir ensemble)   moi grasse fillette (était-ce moi) trottinant de ses courtes grosses jambes à côté de son papa —
pleurs sécurisantes coulez imbibez mon mouchoir — trottinant la main dans la main de son père et se disant « cette
petite robe de satin mauve je ne l'aurai jamais nous
sommes trop pauvres » — larmes trottinant le long de ma
joue larmes salées lappées par ma langue — papa savait-il

188

((homme décidé homme fort sachant braver la tempête les protestations)) prévoyait-il quelle joie démesurée (mais contenue en présence de maman) pouvait-il prévoir quelle bouillonnante ivresse s'emparerait de moi à la vue de la petite robe de soie mauve étalée devant moi sur la table de la cuisine (papa m'aime il aime sa grosse petite Anita) — protestations stridentes de maman ((crie crie vieille sorcière égosille-toi))   Anita est la fille d'un homme fort d'un chef de famille puissant — chaleur au ventre dilatation — la voix claironnante de papa se déclenchant avec la rapidité du cobra   « non Vitaline je ne rapporterai pas cette robe au magasin ça fait deux semaines qu'Anita reste à la maison pour garder Berthe parce que tu te dis malade   elle a bien mérité un cadeau » ((attrape attrape vieille chipie))   maman pour une fois silencieuse bouche bée de surprise   peut-être effrayée   regardait papa me regardait moi bonne petite fille (pauvre maman) moi apeurée aussi assise près de la table de cuisine la robe de satin mauve sur les genoux palpant le satin lissant le velours doux des parements et me disant « je vais la garder je vais garder cette robe même si maman doit me chicaner pendant deux semaines » larmes coulant toujours (non ne pas raccourcir cette robe) larmes coulant le long de mes joues   comme j'ai aimé papa homme affectueux homme généreux au fond (mais harassé tiraillé par des milliers de soucis) il me posait quelquefois la main sur l'épaule serrait un peu disait « ma bonne grosse Anita »   voix retenue voilée un peu nasillarde   mais — triomphe exaltation — mais pour une fois claironnante en présence de maman « Anita va garder cette robe comprends-tu Vitaline » voix pour une fois autoritaire poing puissant pour une fois martelant la table sonore

189

maman figée paralysée   moi les nerfs en boule cuisses serrées lissant d'un doigt discret le satin soyeux et me disant « lorsqu'il sera parti je saurai bien me faire pardonner par maman je serai encore plus obéissante que d'habitude je ne me fâcherai pas même si elle est de mauvaise humeur je placerai ses pantoufles près du lit je tiendrai sa robe de chambre quand elle se lèvera elle va finir par m'aimer de nouveau quand elle verra que je garde si bien bébé Berthe » (non non ne pas enlever à maman la garde de Jacot)   Berthe si souvent gardée par moi quand elle était petite   comme je l'ai aimée comme elle était charmante comme elle était enjôleuse quand elle voulait (mais elle peut encore être enjôleuse quand elle le veut « ma chère Anita ma bonne Anita » j'ai bien failli succomber) ((mais moi aussi je pourrais j'aurais pu avoir un amant si je voulais si j'avais voulu   Claude Gingras me dévorait des yeux hier au Salon))   comme je l'aimais   comme elle était enjôleuse   à pas menus sur la pointe des pieds pour ne pas faire du bruit elle entrait dans ma chambre   je lui avais dit « ne me dérange pas amuse-toi toute seule laisse-moi faire mes devoirs » (mais une fois seule dans ma chambre la porte fermée je ne pouvais travailler je me demandais tendant l'oreille « que fait-elle toute seule la pauvre petite maigrichonne s'ennuie-t-elle de moi ») elle tournait doucement le bouton doucement ouvrait la porte   sur la pointe des pieds pour ne pas me déranger elle entrait dans la chambre s'asseyait sur le tabouret près de mon pupitre (elle m'aime elle m'aime elle n'est pas allée voir maman elle est venue me voir) je lui disais « tu peux rester si tu restes tranquille mais reste tranquille » elle restait tranquille quelques minutes plus docile avec moi qu'avec maman plus docile plus

190

affectueuse (petits bras m'enlaçant souvent petit corps serré contre le mien) puis à voix basse de peur de me déranger elle chuchotait « est-ce que ça va prendre encore gros de temps Anita »   oh comme j'ai aimé cette petite (moi petite mère avant d'être mère vraie) incapable de travailler lorsqu'elle était absente (gardée par une voisine ou par une parente) incapable de faire mes devoirs avec application (sensation de faim permanente vide au creux de l'estomac) moi grosse aînée gourmande ((ayant pompé monopolisé pour moi seule toute la substance maternelle ne laissant pour bébé Berthe que la peau et les os)) incapable de travailler bâclant en vitesse mes devoirs j'ouvrais avec précaution la porte de la chambre   sur la pointe des pieds (pour que maman toujours couchée toujours malade ne m'entende pas) je gagnais le vestibule décrochais précautionneusement mon manteau (moi pour Berthe grosse petite mère dévouée) je courais chercher Berthe (chez madame Trudeau chez ma tante Eugénie) elle poussait des cris de joie en me revoyant   comme oh comme j'ai aimé cette petite comme mon cœur se brisait en allant la mener le matin chez madame Trudeau chez ma tante Eugénie   son petit visage fermé souffreteux sa moue son refus de me répondre lorsque je la conduisais ainsi hors de la maison (pourquoi maman est-elle toujours malade) par les tempestueux matins d'hiver comme j'aimais cette petite comme j'avais pitié d'elle   et maintenant encore comme je la plains (comme j'aurais voulu l'aider avec son Jacot)   comme je sympathise avec elle obligée de travailler comme une esclave dans cet affreux bureau sous les ordres de ses patrons mesquins   réceptionniste souffre-douleur (mon cœur se fend) implacablement rivée à son siège contrainte de sourire aux clients d'avoir au téléphone une voix joyeuse et accueillante alors que sa vessie lui darde des crampes au ventre (Seigneur elle souffre tant pardonnez-lui son adultère faites qu'elle se détache de Roberto) rivée jour après jour comme une esclave à son siège de téléphoniste ((mais n'exagère-t-elle pas éternelle récriminatrice éternelle insatisfaite qui a empoisonné ma jeunesse))   mais je ne peux pas garder son petit Jacot qu'est-ce que ferait maman sans lui   seule toute la journée à la maison se rongeant les sangs à cause de Julien à cause de la mort de papa seule dans cette grande maison privée de la présence de papa regardant la chambre (saisie d'angoisse de remords en regardant le lit qu'il occupait pendant tant de semaines tant de mois non non) non non je ne peux pas garder Jacot je me dois à Josette à Jean-Denis qui sont de si bons enfants (la voix rassurante d'Aurélien « vous êtes une bonne mère Anita vos enfants ont de la chance ») ce sont de si bons enfants (mais alors — bouffée de honte crispation — mais alors pourquoi Josette prend-elle ces postures devant monsieur le vicaire Latour non non)

Réveille-toi Anita tu n'es plus d'âge à rêvasser ainsi sors de la lune occupe-toi des soins du ménage   le pantalon de Jean-Denis la robe noire de Josette sont là étalés devant toi sur la planche à repasser à côté du fer qui chauffe qui est maintenant trop chaud (bouffée de chaleur dans le cou dans la figure)   comment ai-je pu bâiller si longtemps aux corneilles assise sur ce tabouret dans cette posture inconfortable les deux coudes appuyés sur cette planche (il est maintenant trop tard pour raccourcir cette jupe je dirai à Josette « Josette je n'ai pas eu le temps ») — bouffée de chaleur anxiété — (pour Josette est-ce déjà la puberté Seigneur   la voix de Berthe l'envieuse la fielleuse

« ça va éclater tout d'un coup Anita tu vas voir » Seigneur
pardonnez à Josette elle est toute jeune elle ne se rend
pas compte)   mais — bouffée de colère — cette manie
d'écarter les jambes de lever les genoux (en face de l'abbé
Latour délicatesse incarnée faisant mine de ne rien remar-
quer) jusqu'au califourchon on aurait pu voir   la voix
de maman — nervosité — (vite je me mets à repasser à
enlever les faux plis du tissu   tu es une mauvaise mère
Anita)   la voix de maman « tiens tes genoux ensemble
Anita tu vas te faire mal juger » mes grasses mes énormes
cuisses pressées l'une contre l'autre (mais à la moindre
inattention tendant d'elles-mêmes à se séparer à s'écarter) « n'oublie pas ma fille que si tu donnes des mauvaises
pensées aux hommes tu en portes la responsabilité » tendue
figée dans le salon détestant les réunions craignant les visiteurs tâchant toujours de me placer loin des hommes
de m'asseoir de biais (torsion pénibles crampes à l'aine
et au ventre) « ce que je te dis Anita c'est pour ton bien »
grosse adolescente rougeaude joufflue que personne ne plai-
gnait assise sur le bout de son siège tirant lissant sa jupe
croyant (mais c'est peut-être vrai) que les hommes regardent
toujours là serrant les genoux pressant les cuisses (étranges
sensations au ventre) sentant la rougeur lui monter aux
joues (tout le monde le voit tout le monde le sait) mourant
de honte bourrelée ensuite de remords mais incapable d'en
parler à quiconque (« s'ils t'ont regardée comme ça c'est
que tu as dû mal te tenir ma fille ») incapable d'en parler
à quiconque sauf au confesseur pour laver son impureté
sauver son âme des tourments éternels (flammes grillant la
chair fourches la transperçant)   tension moiteur des paumes frayeur panique en face du confessionnal interminable
attente à la chapelle à genoux sur les durs agenouilloirs

(ne pas oublier un seul détail une seule circonstance sous peine de faire une confession sacrilège) à côté d'autres couventines surveillées par sœur Sainte-Sophie qui quelquefois se lève et circule dans l'allée latérale pour s'assurer que nos langues nos mains sont tranquilles nos yeux baissés   groupe d'adolescentes tourmentées à la nuque inclinée sous la lumière indigo violette sanguinolente qui coule des vitraux   troupeau de couventines figées apeurées dans leurs blouses marron dans leurs jumpers bleu marine tombant jusqu'à mi-jambe (pour cacher les mollets impudiques)   que dirait sœur Sainte-Sophie (que Dieu ait pitié de son âme) de cette robe (de deuil) qui n'atteint même pas le genou   non non ne pas la raccourcir   Josette sûrement ne se rend pas compte (mais alors c'est à toi Anita de la prévenir)   mais pourquoi aussi faut-il que les hommes soient ainsi   pourquoi faut-il que les occasions de péché les tentations nous guettent partout   Dieu qui est tout-puissant ne pouvait-il autrement perpétuer l'espèce (Seigneur pardonnez-moi) la voix de maman   « méfie-toi ma fille surveille-toi »   (cet escogriffe à face de drogué qui se frottait contre moi l'autre jour dans le métro) « méfie-toi sois sur tes gardes »   pourquoi faut-il que nous les femmes (avec le corps que Dieu nous a donné) pourquoi faut-il que nous soyons toujours des occasions de péché ah si seulement je pouvais en parler à monsieur l'abbé Latour (mais même au confessionnal même à travers la grille dans la pénombre du confessionnal je mourrais de honte)   mais comment Josette a-t-elle pu l'autre jeudi — angoisse — comment a-t-elle pu ne pas se rendre compte (non non Seigneur faites que je n'y pense plus)   seul à seule l'abbé Latour et moi au salon tout était si calme si parfait « encore un soupçon de café monsieur l'abbé »

194

était-ce ma fille Seigneur était-ce Josette cette adolescente
échevelée pénétrant en trombe les joues en feu dans mon
salon et s'affalant tout essoufflée dans le fauteuil profond
trop profond (en face de l'abbé Latour non non) ses
jambes peu à peu s'écartant sa jupe remontant (faire
rembourrer ce fauteuil le faire rembourrer tout de suite)
« veux-tu un peu de café Josette Josette regarde-moi quand
je te parle » — honte indignation — est-ce Josette est-ce ma
fille cette adolescente aux longs cheveux filasses bouche
ouverte qui dévisage l'abbé Latour et me répond par une
grimace un haussement d'épaule ((la gifler lui ligoter les
jambes les cuisses)) (« tu verras ma fille quand l'âge ingrat
arrive tu verras tu m'en donneras des nouvelles ») —
mais Josette n'est pas Julien Josette est douce et gentille
chair de ma chair sortie de moi   « prends-tu du sucre
Josette Josette prends-tu de la crème » ((la gifler la
secouer)) — angoisse lucidité progressive — ce n'est pas
la première fois que ma fille (Seigneur protégez-la) arrive
ainsi dans mon salon   en classe le mardi le jeudi après-
midi (petite folle petite impure qui connaît les habitudes d'Aurélien) en classe elle surveille l'horloge elle s'agite sur son
banc dévorée d'impatience   dès le son de la cloche
elle saute sur ses livres elle s'élance dans l'escalier elle
court jusqu'ici à perdre haleine   éjarrée bouche béante
((la ligoter lui enfoncer des cordes dans la chair)) —
déferlement de honte chair de ma chair non non — parler
parler sans arrêt ne pas laisser à l'abbé Latour le loisir
de regarder devant lui « qu'est-ce que vous en pensez
monsieur le vicaire j'ai lu quelque part je me demande
ce que vous pensez de ça j'ai lu quelque part qu'on allait
cesser de donner des notes de donner des rangs aux élèves
en classe qu'est-ce que vous en pensez » (oh qu'il parte

195

mais qu'il parte donc) — sueurs au cou sueurs aux aisselles — il reste là sans mot dire sa tasse à la main comme si de rien n'était (me lever parler de l'heure tardive) Josette reste là — exaspération — éjarrée l'œil vague la bouche bêtement entr'ouverte ((la gifler la secouer pour la sortir de la lune)) lui demander lui ordonner de changer de place (moi dans l'autre fauteuil cuisses serrées crispées assise de biais pénible torsion du buste serrement douloureux du corset) mais il va finir par partir il ne va pas rester collé là indéfiniment ses yeux un moment j'ai cru se sont posés sur elle sur (non non) vite détournés puis de nouveau dirigés vers (non non) non non Anita tu es folle l'abbé Latour saint homme ascétique (mon Dieu pourrez-vous me pardonner jamais) s'il avait vu entrevu s'il voyait quelque chose il se lèverait fuyant la tentation saint homme apôtre sans tache — sueurs au cou et aux aisselles — mais d'habitude n'est-il pas à cette heure déjà parti (mon Dieu pardonnez-moi pardonnez à ma fille) Josette petite impure est-ce possible mon Dieu (le cliquetis agaçant de la cuillère contre les parois de la tasse pourquoi continue-t-il ce bruit exaspérant lui dire d'arrêter lui dire de partir) impure impure tentatrice piège du démon est-ce possible Josette sortie de moi chair de ma chair est-ce possible menacée de damnation Josette que j'ai tenue bébé joufflu dans mes bras est-ce bien la même avec ce pull tendu sur des seins déjà provoquants (lui acheter un autre pull au plus tôt un autre soutien-gorge) genoux écartés comment ne se rend-elle pas compte moi-même de biais je vois et lui de face — bouffée de chaleur sueur dans le cou — lui qui baisse les yeux qui fixe obstinément sa tasse au lieu de partir mais pourquoi donc ne part-il pas je lui en parlerai oui oui — soupçon atroce — je lui en parlerai (oui oui c'est mon devoir) demain après-demain mardi quand il reviendra   « écoutez monsieur l'abbé c'est peut-être une inquiétude exagérée de mère mais Josette l'autre jour vous n'avez sans doute pas remarqué mais » non non (bouffée de honte désir de rentrer sous terre) en parler plutôt (devoir d'état devoir de mère Seigneur donnez-moi la force) en parler à Josette ce soir ou demain matin (comme en passant pour ne pas l'effrayer) « écoute donc Josette pendant que j'y pense quand monsieur le vicaire se trouvait là hier tu ne t'en es pas aperçue et je ne veux pas attacher à la chose plus d'importance que de raison mais »   mais le lendemain le surlendemain je n'ai rien fait   Josette enfermée dans sa chambre pour étudier (la laisser étudier) Josette à genoux (entrevue par la fente de la porte) en train de réciter ses prières (adolescente pure petite fille innocente que j'ai portée en moi que j'ai nourrie tenue dans mes bras   ne pas la troubler ce soir la laisser dormir en paix lui en parler demain calmement posément demain matin à tête reposée)   mais le surlendemain la voix de maman au bout du fil inquiète saccadée   « Anita tu ferais mieux de venir ton père paraît plus mal »   combien de fois — soulagement — combien de fois encore me faudra-t-il cet après-midi ce soir au Salon aux funérailles raconter les événements les circonstances qui ont précédé entouré la mort de papa   sa respiration râpeuse l'empâtement de sa parole dans cette chambre sulfureuse aux stores baissés comme des paupières non non   non non   ne pas recommencer   finir vite de repasser la robe de Josette (lui parler en tête-à-tête après les funérailles)   donner un coup de fer au pantalon de Jean-Denis   préparer le déjeuner   me préparer moi-même

Josette sortie de moi hier si petite innocente Seigneur
est-ce possible est-ce déjà la puberté le péché les tentations   il lui aurait fallu il lui faudrait peut-être un
père   comme elle a dépéri pauvre petite toussoteuse
comme elle a été malade après la mort de Charles
j'aurais peut-être dû me remarier mais comment remplacer
Charles ((mort de mort naturelle   quoi de plus naturel
pour une femme que de vouloir un troisième enfant)) à
qui je m'étais peu à peu habituée   jeune veuve désemparée au lendemain de la mort de son mari et ne songeant
qu'au bien-être de ses enfants (mais ai-je vraiment pensé
à eux n'ai-je pas plutôt pensé à moi seule enfin avec eux)
veuve désemparée (mais je n'ai pas fait de mal Seigneur)
recevant chez elle le soir (par crainte de la solitude) lorsque les enfants étaient couchés recevant chez elle Claude
Gingras (revu hier au Salon après tant d'années) acceptant
soir après soir la compagnie de Claude Gingras
assis tous deux sur l'ancien canapé (remplacé depuis des
années) ou debout dans cette cuisine où il me suivait
toujours presque toujours   jeune veuve désemparée indécise inquiète pour l'avenir de mes enfants (la voix de maman
« il est encore trop tôt pour te remarier Anita mais n'oublie pas que les Gingras sont riches   la quincaillerie c'est
sûrement Claude qui va en hériter »)   mais je ne songeais
pas à me remarier   mais alors était-ce honnête de recevoir
Claude trois soirs par semaine (mais je n'ai pas fait le
mal Seigneur) veuve solitaire ((enfin seule)) songeant et
resongeant à la mort de Charles   angoissée par la santé
chancelante de Josette (Seigneur ne me punissez pas dans
mes enfants punissez-moi moi-même s'il le faut) ma pauvre
petite pâlotte (après l'ablation de ses amydales) assise près
du poêle dans sa petite berceuse ou recroquevillée dans

198

son petit lit la figure apathique l'œil terne   indifférente à
ses jouets à sa poupée   la voix du Dr Ferron (se passant
la main sur son crâne dégarni)   « c'est peut-être une
réaction tardive à la mort de son père madame Bachand »
inquiétude anxiété nuits sans sommeil pour la première
fois de ma vie (même tout de suite après le décès de
Charles je dormais dormais dormais   me levant la nuit
comme une somnambule pour les besoins de Jean-Denis
puis je redormais jusqu'au matin et me réveillais bouffie
pâteuse de somnolence me disant « ça n'a pas de sens tant
dormir ») angoisse en cet hiver lugubre affreuse nuits
sans sommeil où je me levais dix fois vingt fois me demandant penchée au-dessus du lit de Josette « avait-elle
un tel besoin de son père va-t-elle mourir »   commençant
peu à peu à recevoir Claude Gingras deux trois quatre
soirs par semaine veillant avec lui très tard   (la voix
de maman « une femme toute seule avec deux enfants
ce n'est pas facile Anita   Claude va sûrement hériter
de la quincaillerie de son père Anita ») seule avec lui au
salon qu'est-ce que nous pouvions bien nous dire il me
prenait quelquefois la main (mais je ne sentais rien) de
quoi pouvions-nous bien causer mais tout valait mieux que
ces longues nuits solitaires d'anxiété insomniaque (non
je ne suis pas responsable de la mort de Charles de la
maladie de Josette)   lorsqu'il me prenait la main je
me levais pour aller voir comment allait Josette   quelquefois il me suivait sur la pointe des pieds (il n'y a
pas de danger nous allons tous deux voir Josette) quelquefois
— chaleur au cœur battement d'aile de l'espoir — quelquefois elle nous souriait pâlement puis retournait à son
apathique somnolence   quelquefois assise au salon dégageant doucement ma main je me levais pour venir ici

199

préparer le thé ou le café   trop souvent — malaise — il
me suivait « ce n'est pas la peine Claude je reviens dans
un moment » trop souvent — agacement — à pas de loup
il venait me rejoindre (pourvu que Josette guérisse pourvu
que son sourire lui revienne   elle semble aimer Claude
la compagnie de Claude semble lui faire du bien)
commençant enfin à me sentir moins nerveuse moins
tourmentée en ce soir d'hiver un peu moins lugubre que
les autres (Josette toussait moins elle avait le teint un
peu moins pâle) le dos tourné à la porte je préparais le café
lorsque deux mains brutales (de malappris) se plaquent
sur mes seins   des lèvres ventouses m'embrassent sur
le cou la nuque « je vous aime Anita je t'aime tu me
rends fou » moi m'agitant me débattant « lâchez-moi
Claude perdez-vous la tête lâchez-moi les enfants sont là
à côté » ses deux bras m'enserrant la taille son ventre sur
ma croupe se pressant pressant « non non Claude je ne
veux pas lâchez-moi allez-vous-en je ne veux plus vous
voir » sa figure rouge ses yeux brillants son air contrit
le mordillement de sa moustache   incident enfoui au
fond de ma mémoire   peut-être sans importance (peut-
être en définitive refus plus important pour Josette que
pour moi comment savoir) moi jeune veuve restée de
marbre restée peut-être fidèle à la mémoire de Charles
(« je te laisse tout Anita la maison l'assurance nos éco-
nomies pour que tu sois à l'abri du besoin ») jeune veuve
vertueuse voulant protéger sa dignité (mais qu'est-ce que
ça veut dire) mais n'avais-je point n'ai-je point par ma
conduite aguiché Claude (moi restée froide comme marbre)
ne l'ai-je pas induit en tentation   mais pourquoi faut-il
mon Dieu que certaines parties du corps (les seins avec
lesquels on allaite les fesses sur lesquelles on s'assied les

cuisses qui font partie des jambes avec lesquelles on marche) pourquoi faut-il que ces parties du corps soient interdites   non non Seigneur pardonnez-moi éloignez de moi ces doutes anciens ces mises en question coupables mais pourquoi Seigneur n'avez-vous pas dès lors envoyé sur mon chemin pour m'aider m'inspirer me fortifier votre jeune apôtre Aurélien Latour (mais il n'était peut-être pas encore ordonné   mais vous auriez pu le faire naître plus tôt) oh comme j'aurais eu alors besoin de lui   moi jeune veuve solitaire et immature de vingt-trois vingt-quatre vingt-cinq ans jeune femme désœuvrée oubliant peu à peu que Claude ne revenait pas mais se disant peu à peu   « qu'est-ce que j'ai besoin d'une quincaillerie » se disant mollement sans y croire   « si je me remarie ce sera par amour » peu à peu Josette se rétablissait s'était rétablie peu à peu elle était sortie de sa torpeur de sa rêverie ne toussant presque plus ne toussant plus et guérie de ses troubles respiratoires moi lui confectionnant de petites camisoles de mes propres mains (comme je suis une bonne mère comme je fais mon devoir) de petites camisoles à double doublure pour tenir sa petite poitrine bien au chaud durant les rigueurs de l'hiver   (est-ce la même est-ce vraiment la même est-ce ma petite Josette cette quasi jeune fille à la jupe trop courte qui court à perdre haleine depuis le couvent les mardi et jeudi après-midi pour venir s'affaler non non)   que n'avez-vous dès lors Seigneur envoyé sur mon chemin votre jeune apôtre Aurélien Latour pour protéger mon foyer pour guider mes enfants au seuil de la puberté   maintenant de quels maux ne sont-ils pas menacés l'un et l'autre ((Josette Jean-Denis fuyant la maison le soir sitôt leurs repas avalés et vagabondant de par les rues   Josette se tenant dans des entrées de magasins en

201

compagnie de petites coureuses à la figure affreusement peinturelurée Jean-Denis s'acoquinant avec de jeunes voyous aux mœurs épouvantables non non   papa est mort mais nul autre malheur irréparable n'est arrivé))   quelle demi-vie Seigneur pendant cinq ans ai-je menée après la mort de Charles   jeune veuve solitaire et désœuvrée paroissienne tiède pratiquant mollement sa religion regardant ses deux enfants et se disant   « j'espère qu'il seront plus heureux que moi »   attendant en cet après-midi de novembre l'annuelle visite paroissiale et se disant   « j'espère que ce sera le nouveau vicaire   comment s'appelle-t-il j'espère que ce ne sera pas Monsieur le curé Crachin » jeune veuve solitaire vivant au ralenti une demi-vie de somnolence   merci mon Dieu merci de m'avoir envoyé ce jour-là votre jeune représentant l'abbé Aurélien Latour merci d'avoir ravivé ma foi et ma ferveur   merci de l'avoir fait revenir (joie et surprise de voir sa silhouette à travers le rideau) « ce n'est plus une visite paroissiale madame Bachand je passais (tordant son béret entre ses mains) je passais simplement et je suis arrêté » (saint homme ayant compris mon ennui ma tiédeur)   mais joie et surprise surtout le premier soir — honte et confusion moi vêtue de ma robe de chambre — où il est venu sonner à ma porte s'asseoir dans ma cuisine l'œil triste oh si triste en déposant sur la table quelques feuillets couverts de ratures « excusez-moi madame Bachand je n'aurais pas dû venir si tard » le visage affaissé la coiffure défaite « mais je devais préparer mon sermon et ne pouvais me concentrer » (Aurélien Latour petit garçon écolier en détresse   Jean-Denis pressé sur mon cœur et caressé en face d'un devoir difficile) « ne vous inquiétez pas monsieur l'abbé » — boule de chaleur au creux de l'estomac — énergie surhumaine (merci mon Dieu de me confier ce rôle de me donner cette force) « ne vous inquiétez pas je vais vous faire un bon café très fort et vous allez voir que tout va bien marcher » « merci Anita merci déjà je me sens plus calme » — bondissement dans ma poitrine (merci mon Dieu) — « voyez-vous Anita monsieur le curé est venu à ma chambre il m'a fait certaines remarques qui m'ont bouleversé » ((écraser la vieille limace lui enfoncer dans la gorge son menton de Crachin gâteux non non oui oui colère légitime non non représentant de Dieu angoisse angoisse)) vite je sors le café je branche le percolateur

Gouvernante au presbytère nommée d'office par l'archevêché pour assurer la bonne marche de la paroisse je sers des repas infects au sénile qui l'estomac délabré l'œil larmoyant me supplie d'avoir pitié de lui « madame Bachand je vous en conjure servez-moi au moins quelque chose de mangeable » « à vingt conditions Monsieur le curé en voici la liste » il est aux abois il cède sur toute la ligne il délègue ses pouvoirs à Aurélien (qui n'apprendra que plus tard la vérité « je ne sais ce que je serais devenu sans vous Anita ») — chaleur irradiante au creux de l'estomac — la paroisse prospère sous sa direction en foule des quatre coins de Montréal accourent les fidèles pour entendre ses sermons (les sermons que nous préparons ensemble le soir dans un coin du grand salon en prenant le thé ou le café) nommé chanoine Aurélien est chargé par son éminence le cardinal d'organiser à Montréal un congrès eucharistique sollicité de partout travaillant douze heures par jour Aurélien n'en consacre pas moins (toujours toujours) ses fins de soirée à nos discussions à nos « palabres » (qui se prolongent souvent jusqu'aux petites heures)   moi toujours au poste servante du Seigneur veillant au bien-être à la tranquillité d'esprit du grand homme moi humble collaboratrice inconnue de la foule mais indispensable indispensable   arrêtant avec précision l'emploi du temps d'Aurélien filtrant avec sévérité les appels téléphoniques les sollicitations des quémandeurs des quémandeuses   surintendante ayant l'œil à tout dirigeant d'une main ferme les trois servantes lees quatre sténos les deux secrétaires pour un Aurélien toujours aussi ascétique mais enclin à se surmener à douter de soi ayant besoin de sollicitude de compréhension d'encouragement ((d'une épaule sur laquelle s'appuyer sur laquelle parfois poser la main)) toujours aussi doux sauf du haut de la chaire où il continue à dénoncer le relâchement de nos mœurs à hypnotiser à faire frémir la foule des fidèles suspendue à ses lèvres ((rouges lippues))   moi humble servante l'écoutant assise sur mon banc habituel comme une simple paroissienne (ne tournant pas la tête baissant les yeux lorsqu'un fidèle me désigne d'un doigt discret et dit « regardez c'est elle c'est la collaboratrice du chanoine Latour ») humble chrétienne écoutant buvant la tonnante parole de Dieu (baissant la tête *mea culpa* pardonnez-moi Seigneur) confidente attentive durant nos longues conversations dans le grand salon aux coussins pourpres lentes confidentielles discussions chuchotées tard dans la nuit (au seuil de décisions prégnantes pour l'église) moi parlant assez peu mais avec sagesse et compréhension « comme vous êtes bonne Anita comme vous m'êtes indispensable » sinueux échanges de propos se prolongeant parfois jusqu'aux petites heures   nous franchissons ensemble le ventre pivotant de la nuit   cependant que Josette et Jean-Denis (leurs devoirs accomplis avec soin et leurs prières

récitées) dorment paisiblement dans leurs chambres loin
du bruit loin de nous dans l'aile gauche du presbytère
bientôt ils s'éveilleront frais et dispos ils se lèveront pour
se rendre en classe   malgré ma fatigue je me lèverai moi
aussi je préparerai moi-même leur petit déjeuner (ne voulant
pas malgré le besoin de sommeil qui m'alourdit les paupières
laisser ce soin aux servantes   soucieuse de faire en tout
mon devoir de ne négliger en rien mes enfants)   mais
Aurélien qui a besoin de beaucoup de repos et à qui je
ne permets pas de faire sonner son réveil Aurélien sera
encore au lit   dans une heure à pas de loup je pénétrerai
dans sa chambre (ouvrant silencieusement la porte aux
gonds bien huilés) pour m'assurer que sa robe de chambre
sa chemise son pantalon (fraîchement pressé) sont bien
en place disposé avec soin sur le valet près du lit (où
Aurélien dort d'un sommeil paisible et réparateur) j'ins-
pecterai une fois de plus le pantalon de serge noir pour
m'assurer que la servante n'y a laissé nulle tache   peut-
être ai-je fait par mégarde — inquiétude — en me déplaçant quelque bruit ou peut-être Aurélien a-t-il obscurément
senti ma présence près de lui   il s'agite un peu il émet
un léger geignement

    Réveille-toi Anita — bouffée de chaleur — déjà onze
heures   réveille-toi une fois pour toutes   finis de presser
ce pantalon anthracite de Jean-Denis étalé là devant toi
sur la planche près de ce fer brûlant (non non je n'ai pas
raccourci je ne raccourcirai pas la robe noire que je
reporte vivement dans la penderie)   Josette sera (pour
une fois) élégante pour une fois elle sera bien mise cet
après-midi au Salon dans cette robe de taffetas dont le
corsage la moule si bien (mais pas d'une façon provocante
— merci mon Dieu de ne pas lui avoir donné une poitrine

aussi débordante que la mienne)   mais triste élégance lugubre occasion (je retourne vivement à la cuisine pour presser le pantalon ensuite me préparer moi-même) comme j'ai du chagrin comme j'ai pleuré tout à l'heure (mais comme j'aurais dû inviter papa lorsqu'il passait en été devant ma porte de son pas raide et dansotant remorqué par l'affreux petit Jacot comme j'aurais dû l'inviter à prendre un café avec des éclairs à l'érable et une tartelette aux abricots)   que Josette porte au moins cette robe aujourd'hui au Salon demain aux funérailles de son grand-père sans trouble et sans remords   je lui parlerai très doucement très gentiment après-demain (ou plus tard — ne pas brusquer les choses ne pas l'effaroucher) je lui parlerai avec calme de ses postures inélégantes en face de l'abbé Latour — bouffée de chaleur bouffée de honte — je passe et repasse avec vigueur le fer sur le pantalon de Jean-Denis — éjarrée dans le fauteuil   les genoux presque au niveau de la tête ((lui flanquer une paire de gifles en pleine figure la traîner par les cheveux la jeter aux pieds de l'abbé Latour « excuse-toi petite garce »))   Aurélien saint homme délicatesse incarnée détournant vite les yeux mais restant là comme si de rien n'était (voulant à tout prix ménager ma sensibilité)   « si je prends encore un petit four Madame Bachand c'est par goumandise » saint homme délicatesse incarnée   mais moi je suis là devant lui grosse pécheresse impure assiégée d'affreuses pensées roulant dans ma tête des soupçons sacrilèges comment consent-il daigne-t-il (moi indigne   indigne indigne) continuer à me rendre visite   pécheresse pécheresse pécheresse   frémissement palpitations lorsque dans la pénombre de l'église (soleil oblique coulant en bleu indigo en rouge sanglant à travers les verrières) lorsque je m'approche du confessionnal — frémissement palpitation — le chuchotis velouté de sa voix à travers le grillage sacramentel « mon père je m'accuse » « combien de fois ma fille » « mon père je m'accuse » « ne vous faites pas de scrupules avec ça ma fille Dieu ne demande pas l'impossible » voix comme impersonnelle du ministre de Dieu (mais il doit bien me reconnaître il doit bien se rendre compte que je lui parle de maman Berthe Josette Jean-Denis et quelquefois de lui) restant là à boire son thé — malaise crispation — en face de Josette comme si de rien n'était pour ménager ma sensibilité prolongeant même sa visite avec une lenteur délibérée (exaspérante) portant sa tasse évasée jusqu'à ses lèvres rouges charnues regardant Josette au niveau du visage (mais comment en être sûre) pourquoi prolongeait-il ainsi sa visite non non Seigneur pardonnez-moi moi pécheresse indigne dévorée de soupçons sacrilèges n'est-ce pas moi qui lui ai offert encore du café (liquide boueux cafetière éjectant sa boisson fumante) moi qui l'ai presque forcé à reprendre un petit four en face d'une Josette éjarrée scandaleuse (damnation flammes éternelles fourches rougies pénétrant dans mes chairs) vite vite me confesser (mais où quand à qui) tout de suite jeter mon manteau sur mes épaules m'élancer dans la rue vers le presbytère (aux intersections bien regarder à droite et à gauche pour ne pas mourir loin du Seigneur) ô mon Dieu j'ai un extrême regret de vous avoir offensé parce que vous êtes infiniment bon infiniment aimable et que le péché vous déplaît pécheresse à bout de souffle courant vers le presbytère se jetant en pleurs aux pieds de l'abbé Latour « gardez-vous de tomber dans le scrupule ma fille » sa voix calmante rassurante baume divin inspiré par le Très-Haut « vous devrez ma fille en toucher un mot à votre fille il y a peut-être eu là de votre part une légère faute d'omission mais il ne faut pas douter de l'indulgence et de la bonté de Dieu »   pécheresse repentante prosternée aux pieds de celui qu'elle a offensé demandant pardon de ses doutes de ses omissions mais rassérénée assurée de n'être pas coupée de la source divine — joie fusion intime extase — merci mon Dieu   mais lui aussi a besoin de moi   est-il possible Seigneur que vous m'ayez choisie que vous m'ayez confié cette mission d'aider de fortifier (même peut-être) votre serviteur Aurélien Latour jeune apôtre jeune enfant mâle appelé à une haute destinée (jeune orphelin de mère négligé par son père élevé par une vieille tante acariâtre)

Dans la biographie future   VIE DE SAINT AURÉLIEN LATOUR ET DE LA BIENHEUREUSE ANITA BACHAND   (non non Seigneur chassez de moi le démon de l'orgueil) L'ENFANCE ET LA JEUNESSE PREMIER CHAPITRE *Si le jeune Aurélien s'acquitta toujours consciencieusement de ses devoirs religieux, il ne fit pourtant pas preuve d'une piété particulière durant son enfance et son adolescence ; même au séminaire les dons qui devaient le rendre plus tard célèbre dans le monde entier ne se manifestèrent jamais pleinement : Dieu attendait son heure* jeune séminariste à la foi inébranlable bouillonnant d'énergie ardent aux sports et à l'étude mais rongé d'une secrète insatisfaction se promenant et devisant à la brunante avec ses co-séminaristes dans la grande cour du séminaire aux allées bordées de peupliers (en secret Anita solitairement Anita tu t'es rendue un après-midi d'automne sur la montagne pour mieux comprendre pour mieux saisir) se promenant et devisant avec les autres séminaristes mais se sentant toujours différent d'eux sentant en lui une mysté-

208

rieuse soif une aspiration inexplicable   *Ce n'est que de nombreuses années plus tard qu'il devait faire connaissance d'une jeune veuve pieuse, mère de deux enfants, de la paroisse de* biographie répandue à des centaines de milliers d'exemplaires traduire en vingt-cinq langues   non non non

    Cesse de rêvasser   Anita vaniteuse   mets fin à ces folies d'adolescente   jamais ton nom (pardonnez-moi mon Dieu) jamais n'apparaîtra en grosses lettres sur la couverture d'un livre   contente-toi de faire ton devoir d'aider humblement l'abbé Latour à faire son devoir (à supporter les tracasseries de son vieux curé)   mais faites Seigneur qu'Aurélien se confie davantage à moi (pour se soulager se libérer)   quelque lourd secret (vous le savez Seigneur) quelque douloureuse inquiétude   semblent parfois le ronger le torturer   car comment expliquer autrement ses brusques silences ses espèces des rêveries crispées alors qu'il serre et roule entre ses mains puissantes entre ses doigts trapus la délicate tasse de porcelaine évasée tout en fixant les fleurs (à larges corolles) du tapis (non non ne pas penser à Josette chasser l'image de Josette) à quoi pense-t-il les paumes pressant la coupe fragile dans quel rêve plonge-t-il dans quel abîme quels sentiments sont les siens qu'est-ce que je représente pour lui — malaise inquiétude — bouffée de chaleur venant du fer qui chauffe là sur la planche à côté du pantalon de Jean-Denis   qu'est-ce que j'ai mais qu'est-ce que j'ai donc à rêvasser à lambiner ainsi (c'est la mort de papa qui m'a ébranlée ainsi   comme je l'ai aimé comme j'ai pleuré tout à l'heure en pensant à la petite robe qu'il m'a donnée autrefois   non non ne pas recommencer) ne plus penser non plus à Josette à l'abbé Latour   le temps presse je dois me dépêcher je dispose avec soin sur la planche une jambe du pantalon de Jean-Denis je lisse de la main les faux plis de l'entre-jambe (hier encore Jean-Denis était un bébé que je bichonnais que je lavais et poudrais) vite vite vite car le temps presse ((étoffe de l'entre-jambe rugueuse et comme raidie en séchant)) vite vite je vais humecter j'humecte le linge à repasser je le tords et retords au-dessus de l'évier (voix de maman « pourquoi ne t'achètes-tu pas un fer à vapeur Anita   Berthe en a un depuis longtemps » lui dire de se mêler de ses affaires non non) j'étends avec soin le linge sur la jambe sur l'entre-jambe (voix de Berthe « tu ne perds rien pour attendre Anita tes enfants sont trop tranquilles ça va finir par éclater ») — malaises appréhension — bruit chuintant du fer se posant sur le linge humide mèches de vapeur se tordant au-dessus de la planche pression plus forte à la fourche ((pour que toute raideur s'en évapore   non non)) le va-et-vient du fer contre le coton blanc   mais pourquoi Jean-Denis ne veut-il jamais porter un pantalon normal (mon Dieu faites que rien ne lui arrive faites qu'il ne devienne pas comme Julien)   pourquoi toujours ces affreux slaques en velours côtelé (rouille ou vert bouteille) épais comme des couvertures de lit impressables inrepassables   mon Dieu faites que Jean-Denis ne devienne pas comme Julien (errant crasseux de par les rues à la remorque d'une souillon impure)   qu'est-ce que maman a bien pu faire pour que Julien tourne aussi mal   non non ne pas accuser ne pas soupçonner maman (mère pieuse et dévouée prodiguant ayant prodigué à ses enfants les bons conseils les sages avertissements)   « les enfants tu sais ma fille on les a on les tient jusqu'à l'âge ingrat   ensuite on ne sait plus ils nous échappent » non non ce n'est pas vrai mes enfants sont à moi Josette Jean-Denis sont à moi je les ai portés dans mon ventre je les ai mis au monde nourris lavés caressés ils sont à moi ne permettez pas Seigneur qu'ils s'arrachent à nouveau de moi qu'ils labourent de nouveau ma chair (mais les ai-je suffisamment protégés surveillés éduqués) — angoisse palpitations — mauvaise mère coupable de négligence (autrement pourquoi ces éjarrements scandaleux de Josette pourquoi ces taches jaunâtres et raides dans le lit de Jean-Denis) non non en parler (peut-être) à l'abbé Latour obligation de lui en parler — chaleur vapeur de fer brûlant montant à ma figure — lui parler en termes généraux de mes inquiétudes de mère (mais rien de trop précis rien de trop gênant) — va-et-vient pression du fer sur le coton immaculé — en prenant le thé ou le café avec tact et délicatesse — frémissement — (il comprendra à demi-mots) « savez-vous Monsieur l'abbé que Josette me donne parfois des soucis » — flambée de colère — affalée devant lui éjarrée comme une pute montrant le tréfond de son slip tandis que moi sa mère (les jours où je crois où je soupçonne que monsieur le vicaire pourrait venir) moi je suis sanglée comprimée dès deux heures et quart dans ma combinaison-gaine m'assurant devant le miroir qui ni ma croupe ni ma poitrine ne bougent (voix de maman « si les hommes pèchent à cause de toi ma fille tu en es responsable ») respirant avec difficulté lorsque je dois me pencher au-dessus du four pour surveiller mes pâtisseries sentant lorsque je suis assise en face de monsieur le vicaire le rebord de la gaine me scier les cuisses (longues stries rouges démangeaisons frissonnantes) sentant les dures baleines latérales s'enfoncer dans ma chair me tenant droite les genoux serrés collés en-

211

semble j'écoute servante du Seigneur humble collaboratrice
j'écoute sa voix virile aux inflexions frictionnantes « comme
vous me gâtez Anita je me demande si je ne suis pas un
peu coupable de me laisser gâter ainsi » — petites respira-
tiins saccadées   menace de frissons — non non apaiser
maîtriser à tout prix ces soulèvements de la poitrine ces
ondulations (involontaires) du ventre   serrer serrer davantage les cuisses les genoux   bander davantage la
prochaine fois les lacets ((longs serpents zigzagants)) de la
gaine m'acheter un autre corset plus rigide aux baleines
moins flexibles ((balancement du buste mouvement lent de
va-et-vient du tronc frottement du rebord de la gaine))   mais qu'est-ce que je fais (odeur de brûlé)
qu'est-ce que j'ai fait   tache jaunâtre roussie par le fer
trop chaud trop brûlant à travers le linge sur le pantalon
de Jean-Denis   qu'est-ce que j'ai fait mon Dieu où
avais-je la tête (comme la mort de papa m'a ébranlée
comme je l'aimais comme j'ai pleuré tout à l'heure en
pensant à lui)   Jean-Denis pourra-t-il quand même cette
après-midi au Salon demain aux funérailles malgré cette
tache roussie en forme de fer pourra-t-il quand même
porter ce pantalon (mon Dieu pardonnez-moi où donc
avais-je la tête)   Jean-Denis ne peut quand même pas
mettre à des funérailles ces affreux slaques rouille ou
vert pomme évasés comme des jupes (à quelle époque
vivons-nous et où allons-nous)   petit Jean-Denis porté
jadis dans mon ventre tenu bercé naguère dans mes
bras si gentil si mignon dans ses costumes de marmot
(oui quand même heureusement cette tache est à l'intérieur
elle ne paraîtra pas)   mais bien recommander à Jean-
Denis de ne pas écarter les jambes lui dire de les croiser
naguère si mignon si gentil et maintenant plus grand

que moi   que deviendra-t-il deviendra-t-il prêtre (comme
je l'ai souhaité comme je le souhaite) portera-t-il un jour
la soutane (trouble malaise lorsque j'ai vu la première fois
l'abbé Latour en pantalon comme un homme ordinaire
non non)   où allons-nous Seigneur pourquoi tous ces
changements pourquoi tous ces dangers qui nous menacent
moi veuve déjà mère menant pourtant une vie calme rangée
pourquoi faut-il que je me sente tourmentée prise au
piège   pourquoi faut-il que la puberté comme une bête
de proie s'apprête à bondir sur mes enfants   pourquoi
faut-il Seigneur subir tous ces tourments toutes ces tentations

KINGSTON, le 8 mars 1971

IMPRIMÉ AU CANADA

PAR LES ÉDITIONS MARQUIS LIMITÉE